〈조선왕릉총서 제1집〉

태조고황제건원릉

2007. 5.

殷光俊 著

白山資料院

조선왕릉총서 제1집

태조고황제건원릉

저　　자 | 은광준
펴 낸 이 | 육낙현
표지디자인 | 은광준
국　　역 | 홍광선
원　　본 | 한국정신문화연구원
편　　집 | 김지숙

인 쇄 일 | 2007. 5. 25.
발 행 일 | 2007. 5. 31.

등록번호 제2-1125호
등록일자 1991. 2. 11

펴낸곳 | 백산자료원
㊝100-193 서울시 중구 을지로 3가 334-2 청호빌딩 211호
전화 (02)2268-8668　　팩시밀리 (02)2267-7710
http://www.paeksan.com
E-mail : pss1966@kornet.net

값 29,000원
ISBN 978-89-88435-98-4 93910

축　사

최 무 장(건국대학교 명예교수, 연천선사박물관장)

일반적으로 고고학계에서 현인(賢人)이 살고 있는 집은 임시 거주지(居住地)이며, 무덤은 영구(永久)한 집으로 인식되어 있다.

은광준 선생은 세종대학교 박물관에서 30여 년을 재직하면서 조선왕릉사(朝鮮王陵史)를 깊이 연구하였습니다. 무덤은 왕조국가체계로 정착되면서 능(陵)·원(園)·묘(墓) 등으로 구분되어 왔으며, 저자는 여기에 관련된 논문을 지속적으로 발표하여 왔습니다.

조선시대의 능지(陵誌)는 우리 역사의 축적된 무덤문화의 종합작품으로서, 해당되는 각 시대를 총괄적으로 지금까지 전해 주는 고귀한 문화재로 왕릉석조미술사(王陵石造美術史)의 중요 연구 자료로 볼 수 있습니다.

특히 우리 문화권의 고구려·백제·긴라·고려왕조시대의 왕릉이 비교적 양호하게 보존되어 있으며, 이러한 능묘작품들이 이번에 은 선생께서 저술하신 「태조고황제건원릉(太祖高皇帝健元陵)」에서 왕릉의 상설물(象設物)을 명등석·혼유석·망주석·문인석·무인석·마석 등으로 상세히 구분하여 실었으며, 또 왕릉의 중심인 능침을 보호하는 병풍석(면석·우석)과 주변의 양석·호석 기타 모든 석물과 건축물을 빠짐없이 자세하게 정리하여 발간하였습니다.

여기 출간되는 은 선생의 책은 한반도(韓半島) 왕조국가체제의 대표적인 마지막 조선시대 왕릉에 대한 과거 이론을 탈피한 현장중심의 실물적인 학문으로 접근·발전하는 기회를 만들고자 하는 충정(衷情)의 결과물이다. 전문인 그 누구도 어려운 거대한 신도비(신·구)2기를 직접 탁본(拓本)하고, 필자의 타고난 손재주로 직접 한 점 한 점 펜으로 그려낸 문·무인석의 세필정밀화(細筆情密畵)는 그야말로 놀라움을 금치 못한다.

끝으로 은 선생의 이와 같이 철저한 조선왕릉의 연구자로서 성실히 임하는 자세가 없었다면 학문적으로 도저히 할 수 없는 대단히 훌륭한 저서라 생각되어 지인 모두 저자의 노고를 축하하면서 이 글을 마칩니다.

2007년 5월　일

들어가며

예전에 필자가 중 · 고교 시절에 소풍을 간다고 하면 서울 근교의 산이나 왕릉을 갔다 오는 것이 고작이었다.

그 시절에는 그저 푸른 잔디위 높은 봉분에 올라가 서로 안고 비탈 아래로 뒹굴기도 하고, 또 돌로 만든 말이나 호랑이 위에 앉아 사진을 마구 찍으며 놀다 오곤 했던 기억이 난다.

지금 철이 들어 그 곳을 다시 찾아 가보면 우리가 볼 수 있는 당시의 모든 석물들이 한 곳에 시대와 공간을 초월해 자리잡고 있는 석조예술 걸작품들이 전통문화 교육현장의 역할을 하고 있다.

조선 왕릉은 건원릉(태조고황제)을 비롯해 능 · 원 · 묘가 현재 143기가 남아 있는데, 이는 배달민족의 국운을 이어 오면서 국시로는 성리학을 천명하면서 밀교에 관련된 서적들을 불살라 버린 것은 개국 당시 유교적 풍토에 따른 정책에 불과하고, 내면적으로는 밀교가 신앙 기초에 깊숙이 자리잡고 있었던 까닭에 고려시대부터 성행했던 풍수지리에 입각하여 왕릉들이 조성되었다.

이 왕릉들은 원나라의 지배에서 벗어나 독자적인 왕권의 독립을 선포했던 공민왕의 탁월한 예술적 감각성이 충분하게 표현된 현릉 · 정릉(공민왕릉 · 노국대장공주릉)을 기준으로 삼으며, 약간의 가감을 더해 조선말기까지 이어 내려 온 전통을 갖춘 의식적인 석물들과 능침 주변이 당대 최고의 석공예 장인들의 혼신이 깃든 석조예술의 집합결정체로 가득 차 있다.

고구려가 발해 영토까지 문화적 자취를 남긴 것이 오늘에 한민족의 혼을 이어 오는 것같이 이 건원릉의 존재를 석물과 같이 남기고자 한다.

끝으로 능지가 간행되기까지 난해한 원본을 주역해 주신 홍광선 선생, 석물에 나타난 의상해설 원고를 보내 주신 김미자 교수, 어설픈 원고를 다듬어 출판해 주신 육낙현 선생, 이외 여러분의 헌신적인 협조에 고마움을 표한다.

2007년 4월 일

일러두기

1. 연도는 해당 재위왕의 년수를 제일 먼저하고, 다음에 간지를, 다음에 서기년도를 명시하였고 월일은 음력으로 기준하였다.

1. 건원릉지 필사본 목차에서 아래의 항목들은 내용의 대부분이 중복되어 있고, 진설도 등은 쉽게 알아 볼 수 있어 국역을 하지 않았다.
(예 : 祔 廟時樂章, 追上尊號時事責, 追上尊號玉册文, 樂章文, 追上尊號時事實, 祭享時節目, 忌辰大祭祭物陳設圖, 五大祭祭物陳設圖, 告由還安祭祭物陳設圖)

1. 건원릉지 필사본 하편도 각종 서식으로 간단하게 구성되어 있어 국역을 생략하였다.
(예 : 齋中凡規, 正朝祭獻官書啓式, 祭擧案式, 摘奸時擧案式, 褒貶單子式, 仕滿報狀式, 解由報狀式, 守護軍充定長單子式, 移文式, 報狀式, 書目式, 發行狀式, 本齋完議, 餕餘封裹式)

1. 신도비의 탁본은 필자가 심혈을 기울여 정성스럽게 탁본하여 가능한 크게 편집하여 필요한 사람은 액자로 제작하여 보관할 수 있게 배려하였다.

1. 여기 실린 본문 내용들은 전 · 후 · 좌 · 우 순서대로, 특히 석물 사진들은 능침에서 안산을 바라보면서 좌측과 우측순시를 기준하여 편집하였디.

차 례

총 목차

사진 차례

도판 차례

탁본 차례

국역 차례

사 진

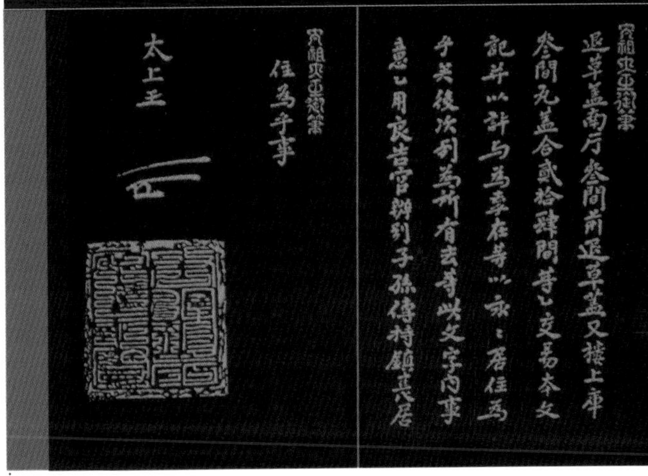

태조고황제 어진

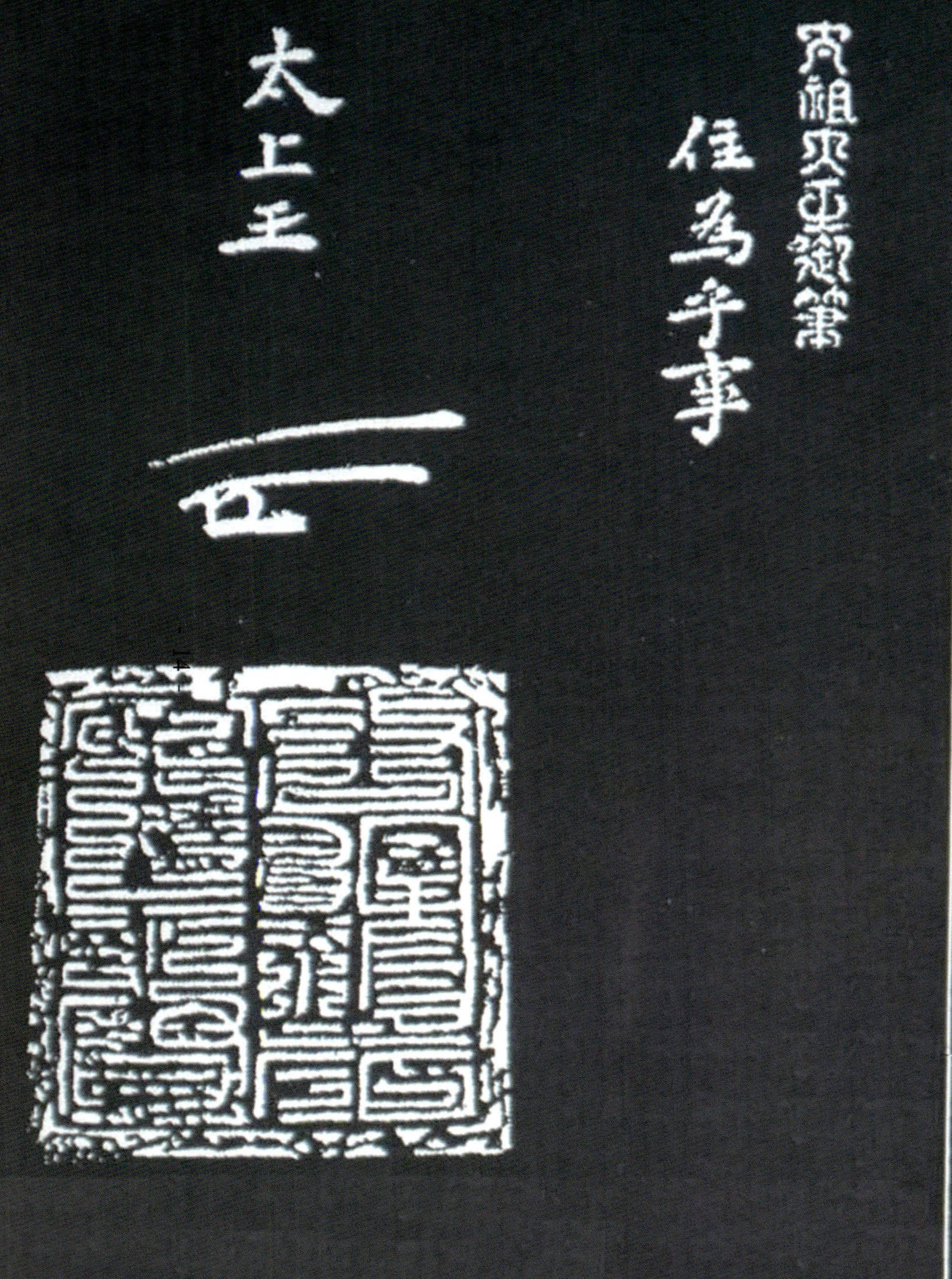

태조고황제 수결 · 어보

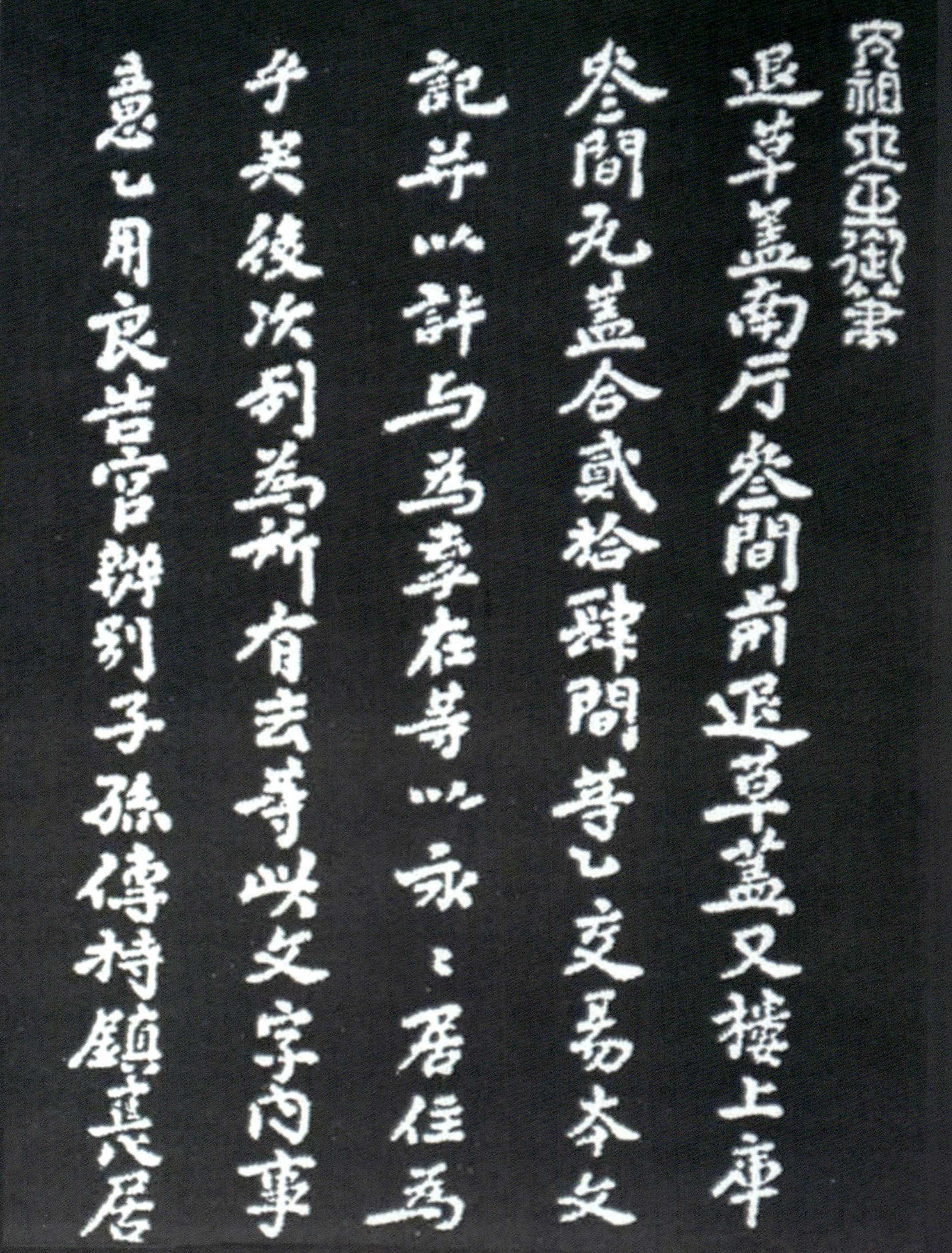

태조고황제 어필

태조고황제 어시(근경)

태조고황제 어시(전경)

건원릉 원경

건원릉 근경

건원릉 후면

재실 (전면)

재실 (측면)

동구릉 안내도(東九陵 案內圖)
Map of Donggureung
퇴장시간 Closing Time
동절기 : 11월- 2월 17:30
하절기 : 3월-10월 18:30

동구릉 안내도

금천교

홍살문

판위

신도 · 어도

정자각(전면)

정자각(후면)

정자각(좌면)

정자각(우면)

운교(정자각 좌측)

석계(정자각 우측)

수직방(수복방)

수라청지

수라청지 초석(전열)

수라청지 초석(후열)

소전대

예감

비각

신도비(구)

신도비(신)

정중석(초계석, 중계석, 하계석)

명등석

명등석 (정자석, 옥개석, 화창)

혼유석

고석

문인석 (좌측; 후면)

문인석 (좌측; 전면)

문인석 (좌측; 좌면)

문인석 (좌측; 우면)

무인석 (좌측; 전면)

무인석 (좌측; 후면)

무인석 (좌측; 좌면)

무인석 (좌측; 우면)

문인석 (우측, 후면)

문인석 (우측, 전면)

문인석 (우측; 좌면)

문인석 (우측; 우면)

무인석 (우측; 전면)

무인석 (우측; 후면)

무인석 (우측; 좌면)

무인석 (우측; 우면)

마석(전측면)

마석(후측면)

망주석

망주석 (원수)

능상사초 (억세풀)

능침석물(석주 · 동자석주 · 죽석 · 병풍석 · 만석 · 인석 · 정지대석)

석주(원수)

석주(측면)

병풍석(만석 · 앙연엽)

병풍석(정지대석 · 복연엽)

면석(비천상 · 와형운문)

우석(영오 · 영탁)

인석

외박석

양석

호석

도면

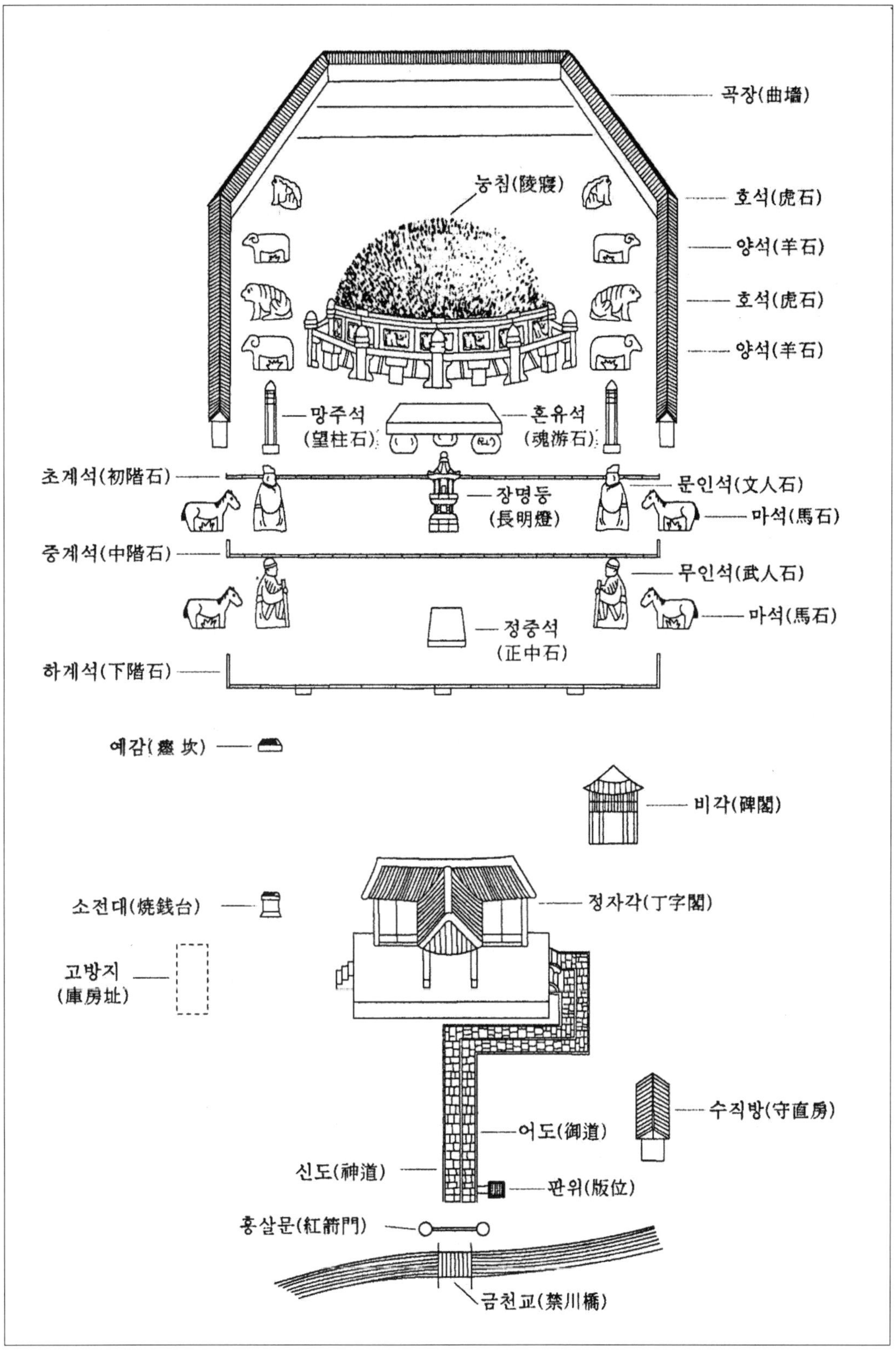
곡장(曲墻)
능침(陵寢)
호석(虎石)
양석(羊石)
호석(虎石)
양석(羊石)
망주석
(望柱石)
혼유석
(魂游石)
초계석(初階石)
문인석(文人石)
장명등
(長明燈)
마석(馬石)
중계석(中階石)
무인석(武人石)
마석(馬石)
정중석
(正中石)
하계석(下階石)
예감(瘞坎)
비각(碑閣)
소전대(燒錢台)
정자각(丁字閣)
고방지
(庫房址)
수직방(守直房)
어도(御道)
신도(神道)
판위(版位)
홍살문(紅箭門)
금천교(禁川橋)

상설배치도

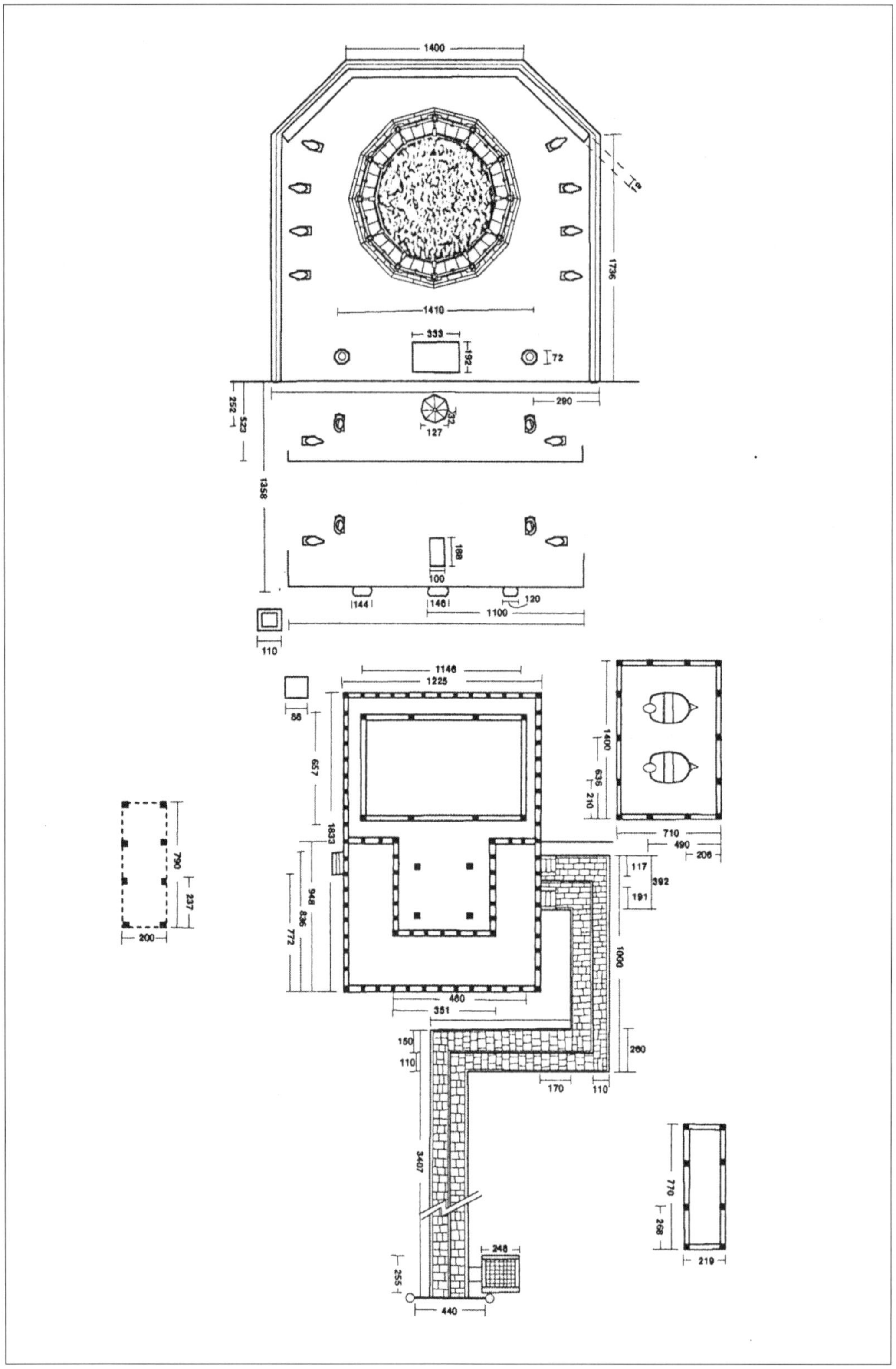
1400
1736
1410
333
192
72
290
252
523
127
1358
188
100
144
146
120
1100
110
1146
1225
88
657
1833
948
836
772
790
237
200
1400
636
210
710
490
206
117
392
191
1000
460
351
150
110
260
170
110
3407
770
268
219
248
255
440

평면도

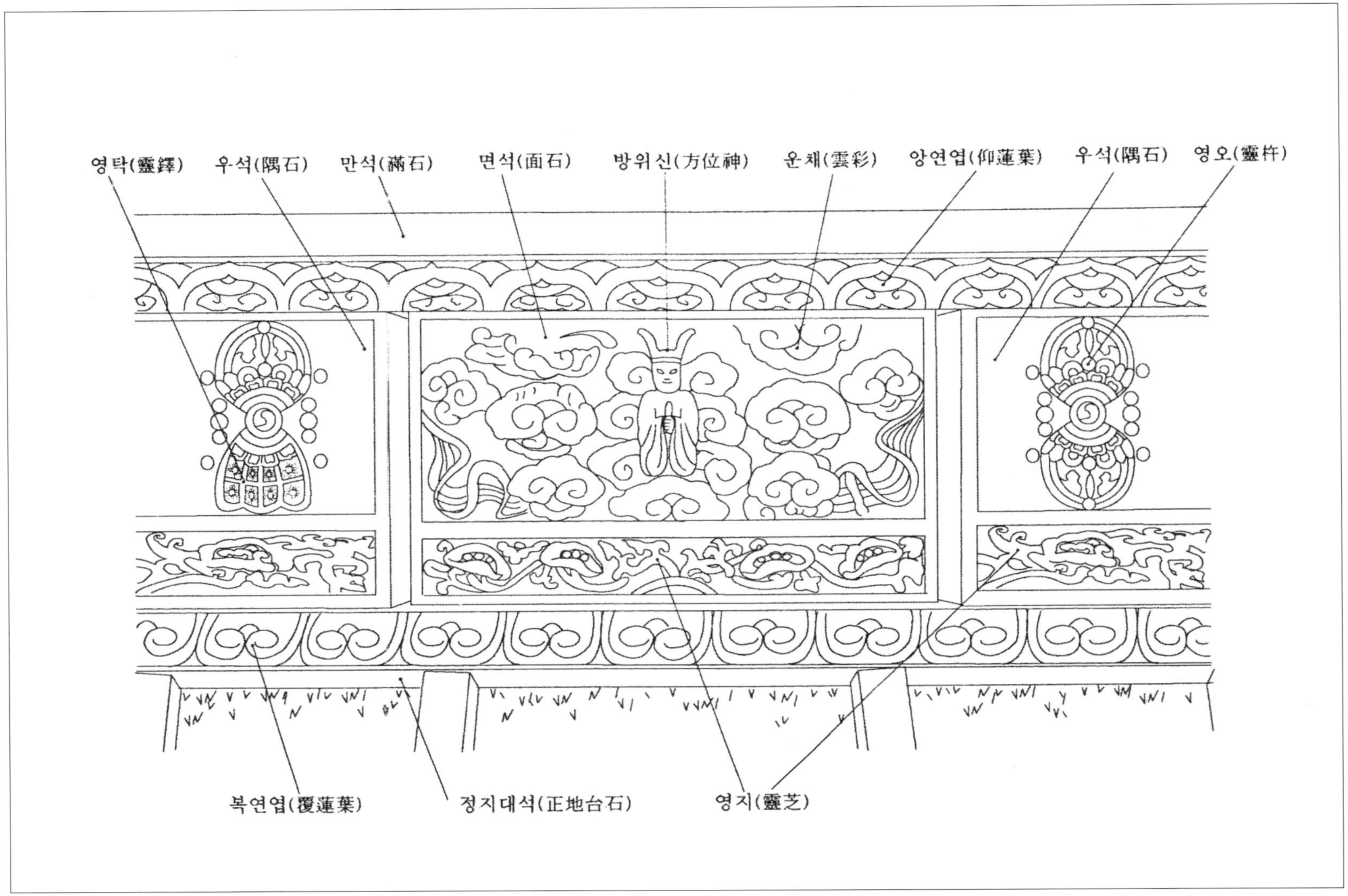
영탁(靈鐸)
우석(隅石)
만석(滿石)
면석(面石)
방위신(方位神)
운채(雲彩)
앙연엽(仰蓮葉)
우석(隅石)
영오(靈杵)
복연엽(覆蓮葉)
정지대석(正地台石)
영지(靈芝)

병풍석 명칭도

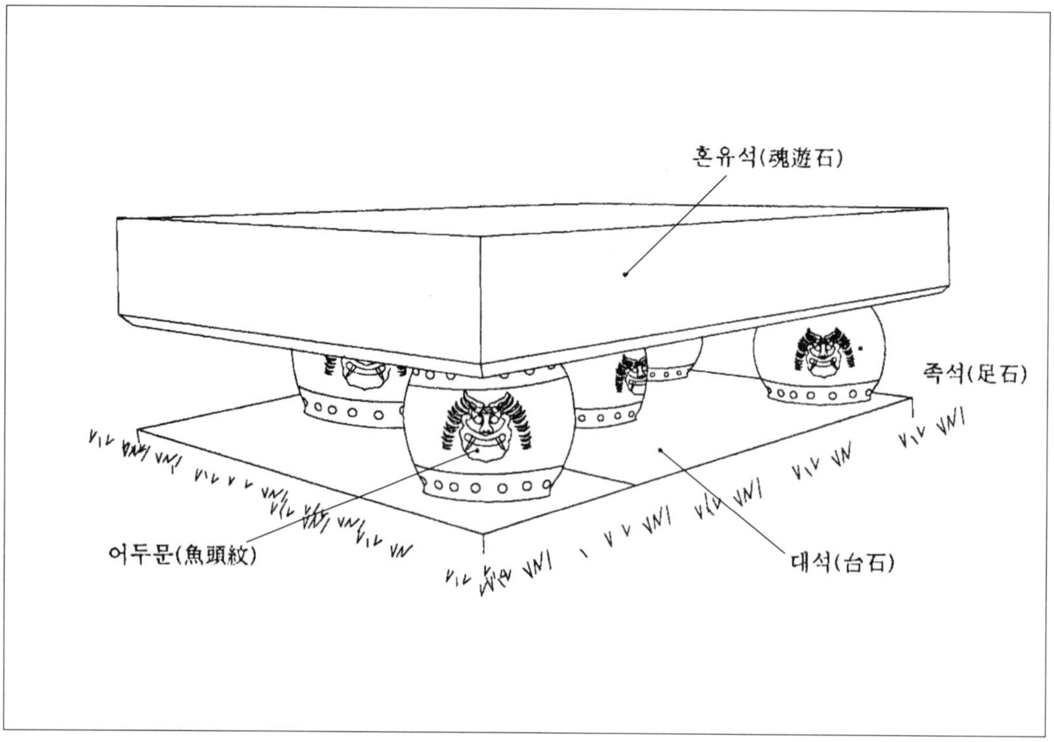

혼유석

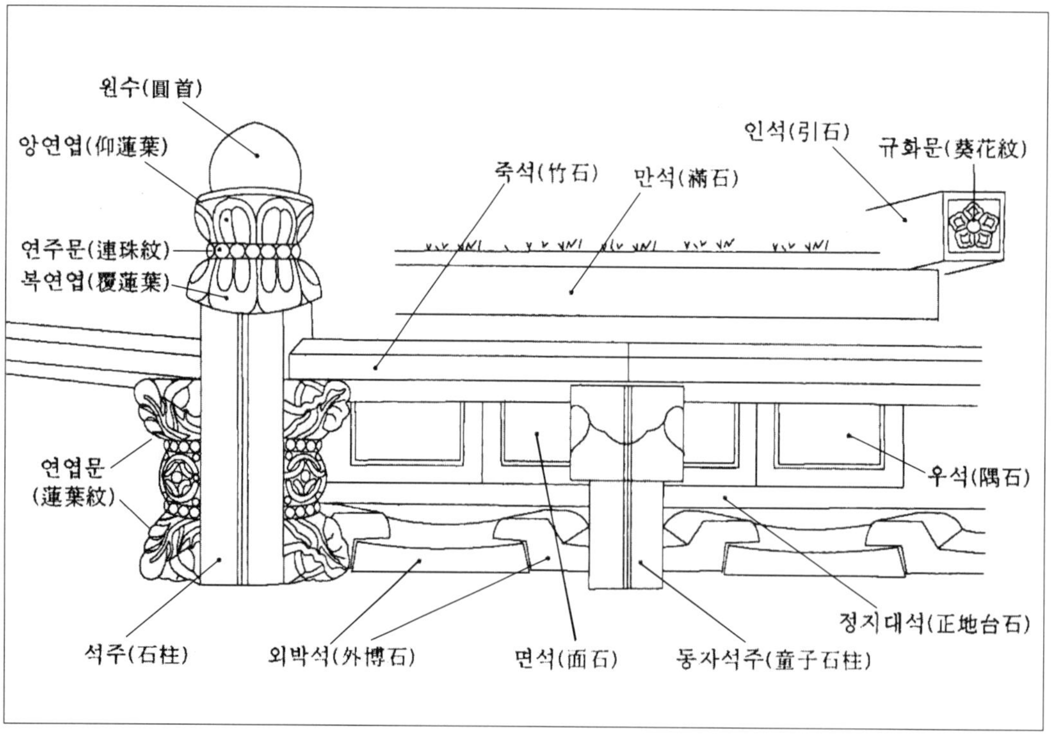

능침주변석물명칭도

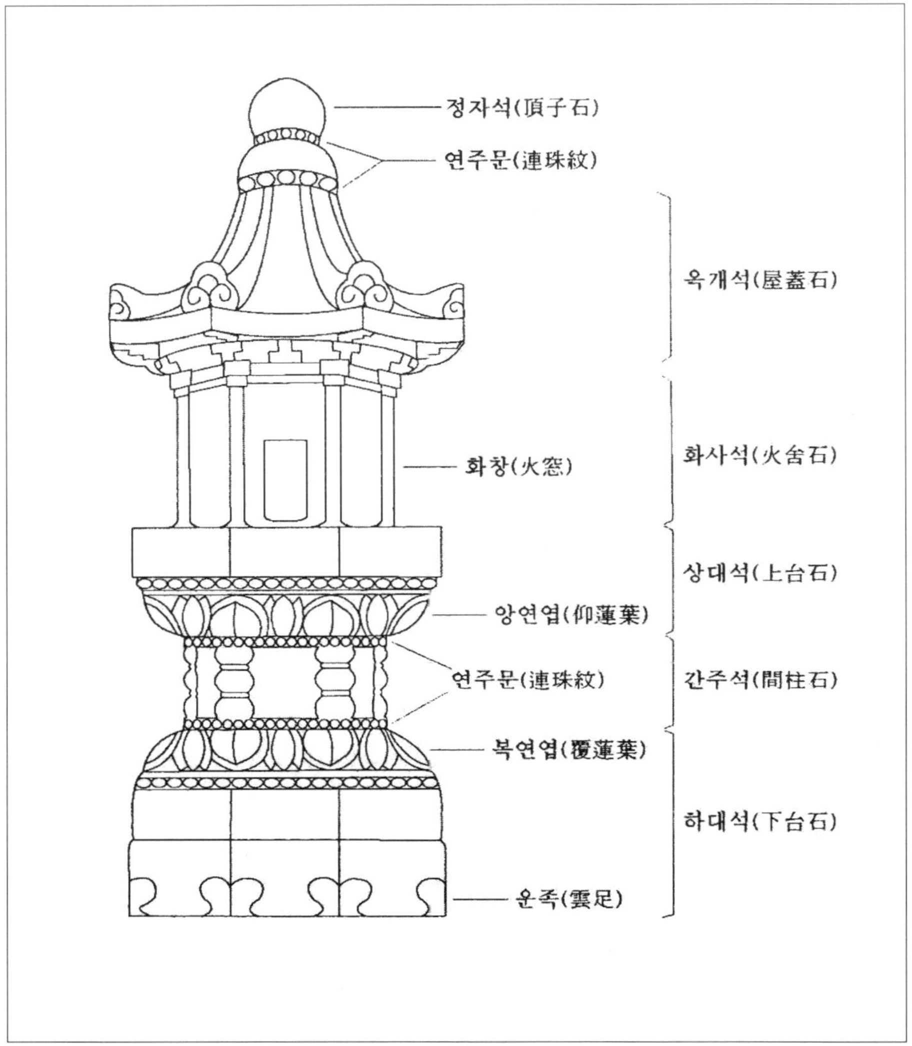

장명등 명칭도

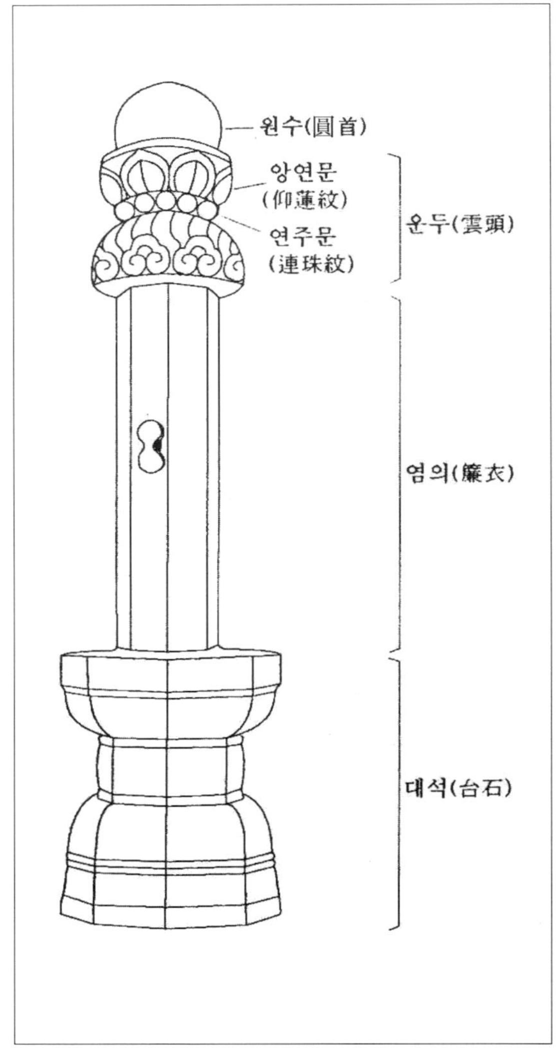

망주석 명칭도

머리에는 복두(幞頭)를 쓰고 공복(公服)을 입었으며, 허리에는 정대(鞓帶)를 띠고 화(靴)를 신고 손에는 홀(笏)을 받쳐 들고 있다. 복두는 앞은 낮고 뒤는 높은 2단으로 각이 지고, 양각(兩脚)은 뒷면에 음각으로 교차되게 조각하였다. 공복의 옷깃은 곡령(曲領)이고 소매는 넓은 대수(大袖)로 전체 옷길이의 $\frac{2}{3}$정도이며 소매길이도 길고 주름을 많이 넣고, 옷길이는 땅에 닿을 정도로 하였으며 신발은 앞코만 보인다.

각대(角帶)는 뒤쪽 또는 옆쪽으로 정(鞓 ; 가죽 띠)이 늘어 진 대(帶)로 후기에는 야자대(也字帶)라 불렀다. 이 옷의 넉넉한 품과 넓고 긴 소매의 주름표현은 문인의 중후한 느낌을 주는 조선 초기의 작품이다.

대석에서부터 약 230cm의 신장이다. 〈글; 김미자 교수, 그림; 필자〉

머리에는 투구를 쓰고 전포(戰袍)위에 갑옷을 입고 용문(龍紋)이 새겨진 칼을 두 손으로 짚고 화(靴)를 신고 있다. 투구는 발형(鉢形)으로 정상에는 상모(象毛)를 묶어 뒤로 넘기고 뒷목 가리개로 목을 보호할 수 있게 하였다. 의상은 먼저 속에다 전포를 입고 양어깨와 앞의 목부분을 긴 수염 밑으로 운견(雲肩) 모양으로 넓게 덮었다.

흉갑(胸甲)은 소슬금문을 시문하고, 허리 아래는 3종류의 상갑(裳甲)을 착용하였다.

즉 상상갑(上裳甲 ; 운문)과 하상갑(下裳甲 ; 소슬금문)은 앞에 하고, 골반 뒤쪽에는 배상갑(背裳甲 ; 어린문)을 착장하였다. 속에 입은 전포의 길이는 길게 확실히 보이며, 앞은 경갑(脛甲)과 신발이 보이게 치켜 올려 입은 의식(儀式)용 갑옷이다. 필목에서 팔꿈치까지 화문(花紋)과 3선의 융기선문(隆起線紋)을 조각한 완갑(腕甲)을 끼었다. 대석에서부터 약 230cm의 신장이다. 〈글 ; 김미자 교수, 그림 ; 필자〉

탁본

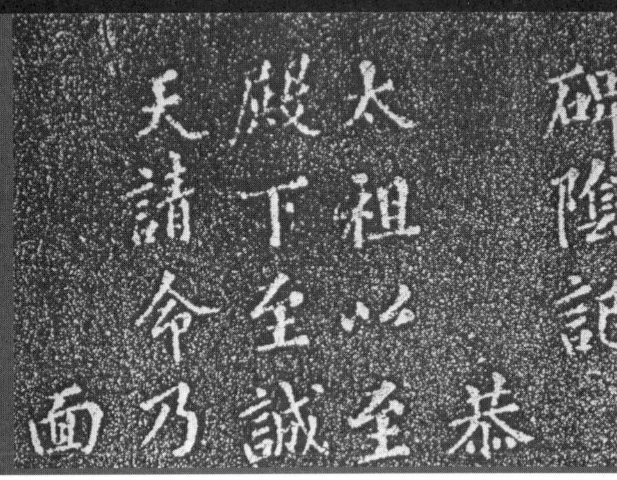

太祖金活頻多乃以

太祖轉移之力一國治安

高皇帝嘉賞而置左右

殿下應變欽績群謀克解

陷賊將奏聞

太祖威聲義烈升聞于上

신도비(구)전면-실물크기-

扶餘事 世子大[illegible]追仁 [illegible]

大[illegible]總[illegible]事 兼[illegible]扶餘事 [illegible]君[illegible]成 石[illegible]木 一[illegible]

之沖 育未才 也 三韓之謠從人由此則已大[illegible]記有[illegible]

在世而金親休幽往而親十三世而系至高相權至介任先朝而長千人

天朝 系於卿相從[illegible]王將[illegible]陽侍而益並[illegible]相出入中外[illegible]

侍中[illegible]其[illegible]經於[illegible]詩[illegible]

樹為左侍中方是時也推[illegible]淵亂[illegible]非[illegible]危亡[illegible]變[illegible]亂[illegible]非[illegible]

為 太祖以此淵[illegible]七而不[illegible]會同而行[illegible]而[illegible]清[illegible]代

恭愍 王位不下堂陛而化邦國非天[illegible]佑有[illegible]克如[illegible]知中[illegible]

之 [illegible]四[illegible]朝鮮之[illegible]美州以[illegible]其名而祖之[illegible]天[illegible]民永[illegible]

下 道[illegible]從[illegible]於諸子御遺[illegible]命既[illegible]致[illegible]有[illegible]

皇考 為[illegible]王妃[illegible]氏為[illegible]也[illegible]而[illegible]他事之[illegible]而[illegible]與[illegible]

以 衣[illegible]復[illegible] 帝[illegible]陰謀拒命成[illegible]入[illegible] 太祖不[illegible]之[illegible]

焉國 下之[illegible]乃[illegible]為世子[illegible]七月已巳[illegible] 太祖以[illegible]神武[illegible]

察國 王[illegible]遣[illegible]於[illegible]王[illegible] 賜[illegible] 太祖[illegible]仁[illegible]運[illegible]文仲武[illegible]王之[illegible]以[illegible]

[illegible]賜[illegible]回[illegible] 王[illegible]之[illegible]古朝鮮之[illegible]王[illegible]以[illegible]也[illegible]

人 上下之[illegible]如此其[illegible]嗚呼[illegible]哉

而鎮安君[illegible]先卒[illegible]三男[illegible]益安大君亦先卒次四男[illegible]安大君次六男[illegible]

二男一女男長芳[illegible]次[illegible]次芳[illegible]尚[illegible]宮主下[illegible]

世子次[illegible]季[illegible]君次[illegible]女長[illegible]宮主下[illegible]平[illegible]

門下侍成事[illegible]仁[illegible]之女生男曰[illegible]平[illegible]安[illegible]門下[illegible]

[illegible]洪基而[illegible]作與天地而久[illegible]道[illegible]物[illegible]命能不[illegible]

又 特[illegible] 天心[illegible]

揚[illegible]天之[illegible] [illegible]

明明哉 有[illegible]

化 [illegible]時有 [illegible]物 [illegible]以[illegible]仙[illegible]備[illegible]天[illegible]一[illegible]

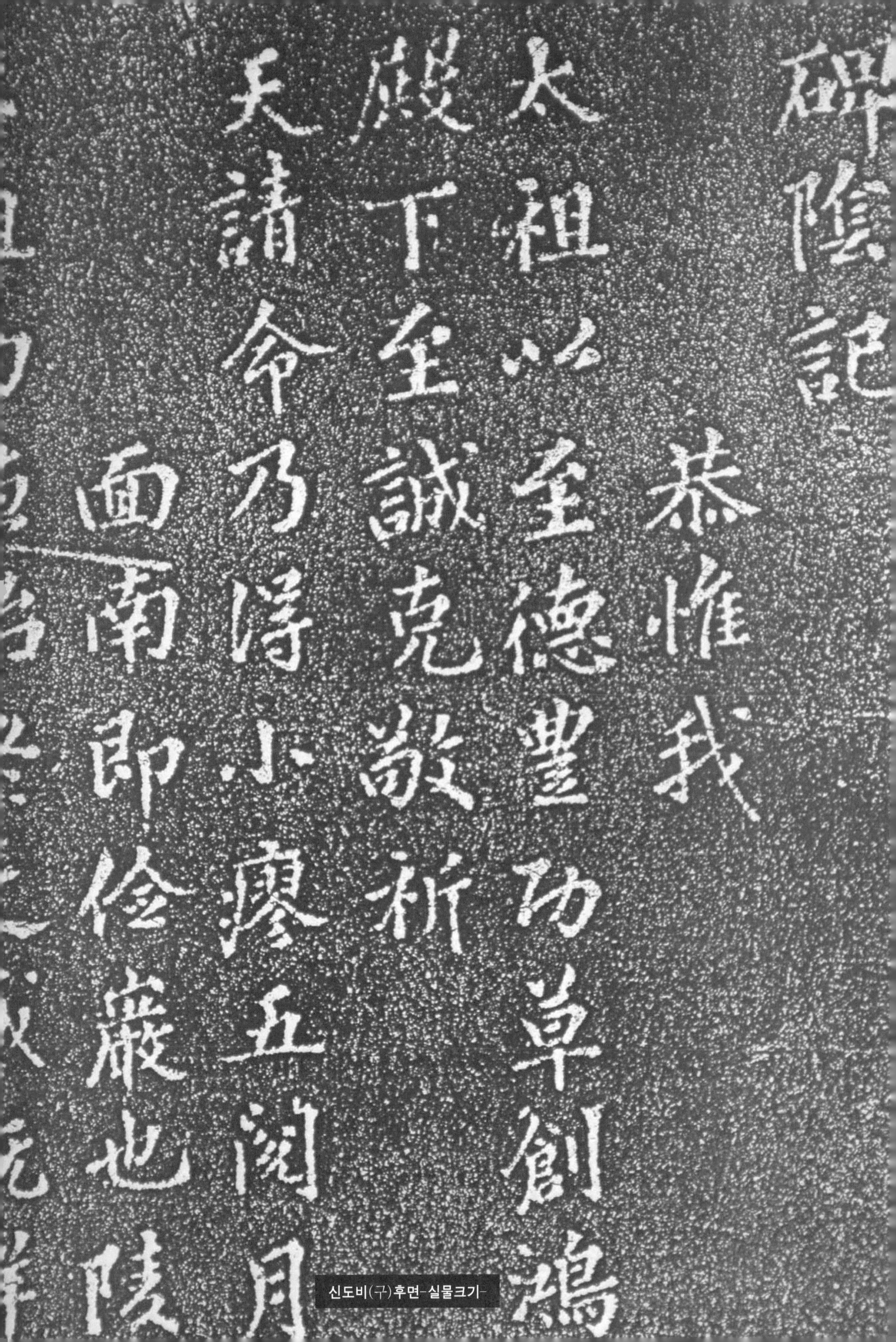
碑陰記
恭惟我
太祖以至德豐功草創鴻
殿下至誠克敬祈
天請命乃得小瘳五閱月
面南卽僉巖也陵

신도비(구)후면-실물크기-

折而西數百里得西峙焉曰白雲又南迤百餘里北揖而
之於前守之於後然後大勢以康大宋以久哉
派以以永保作是宜刻名于石遂賦詩來而我
世子左輔挽臣李吳謹拜手稽首而為之記
舒
倚
尚居正

漢山府院君趙英茂
議政府贊成事南在
東文館大學士鄭摠
藝受館大學士池浮生
知中樞院事金仁貴
興城君張至和
商山君李敬道

奉化伯鄭道傳
宜城君吳思忠
知議政府事金輅
雞林尹金洞
長城君鄭龍壽
興寧君李敏
戶曹典書趙英珪

領議政府事趙浚
漢川君趙溫
知中樞院事張湛

上洛府院君金士衡
戶曹判書趙璞
花城君張思靖

李茂
漢山府院君趙英茂
戶曹判書趙璞
漢平君趙涓
長川君李從茂
漆原君尹子當
鈴平君尹柢

兵曹判書天祐
安城君李叔蕃
義城君金英烈
坡平君尹坤
利城君徐愈
延川君文彬

七十二歲書

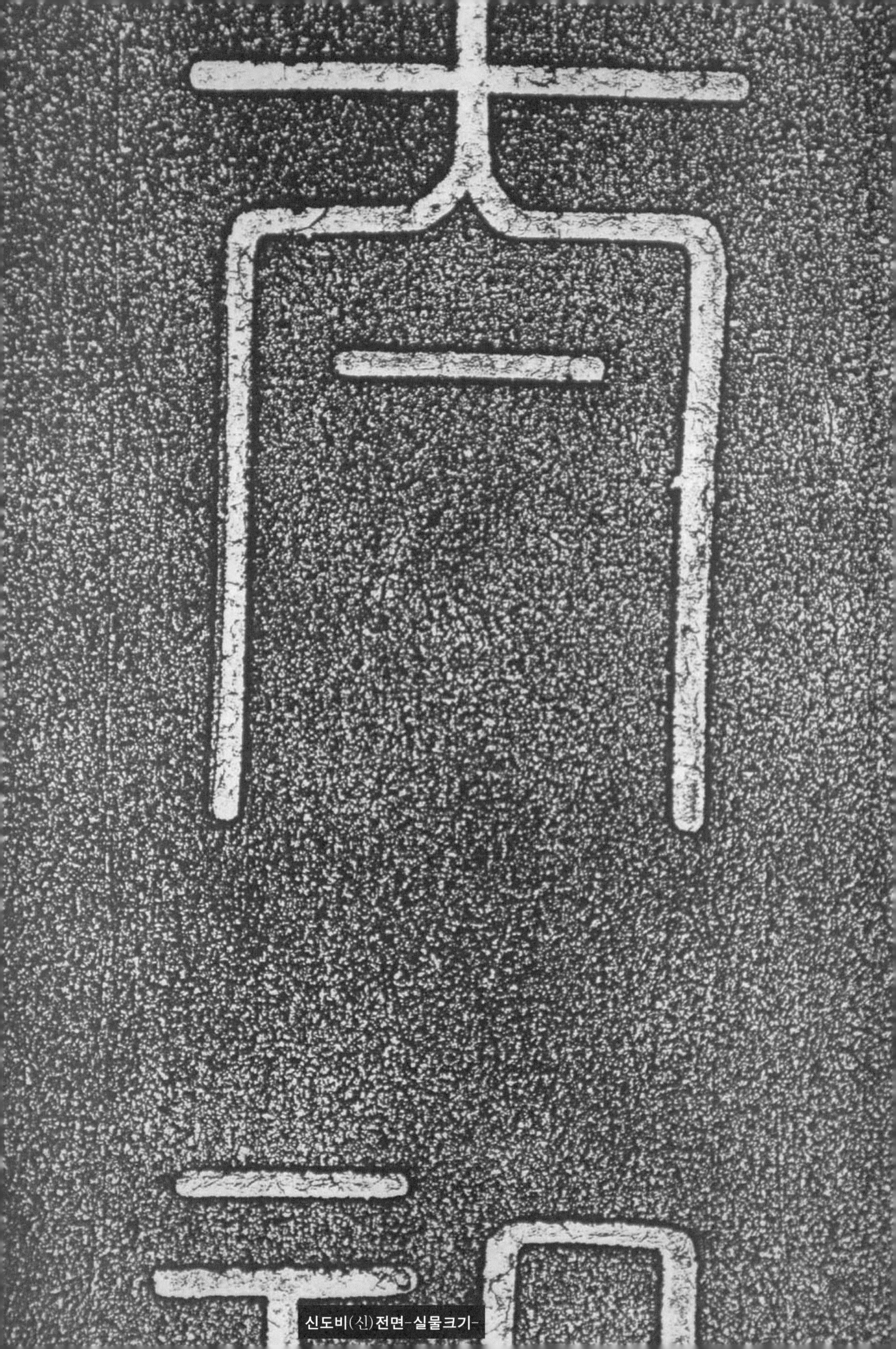

신도비(신) 전면-실물크기-

신도비(신)후면-실물크기-

元至元元年乙亥十月十
褒克廉等見高麗政亂倡
鮮甲戌春秋至六十入者
戊子五月二十四日 昇
僉巖山癸坐之原 肅宗
追上 尊號應天肇統廣
廟號曰 太祖配祀
微恍焉

국역본문

건원릉지 〈상 · 하〉 (健元陵誌 〈上 · 下〉)

재(齋)중에 예전부터 능지(陵誌)는 없이 다만 몇 개의 작은 책자(冊子)만이 있었으니 곧 건재기문(健齋記聞) 약록(略錄)이다. 능침(陵寢)의 사적(事蹟)에 대하여 조목 조목 열거(列擧)한 것을 자세히 살펴보니 자못 소홀(疎忽)하고, 또한 오랜 세월(歲月)이 지나면서 종이가 해지고 때가 묻어 글자가 잘 보이지 않으니 이렇게 몇 년이 더 경과하면 아무것도 없는 상태(烏有)에 이르를 것이다.

태조고황제건원릉

건원릉지 〈상 · 하〉 (健元陵誌 〈上 · 下〉)

재(齋)중에 예전부터 능지(陵誌)는 없이 다만 몇 개의 작은 책자(冊子)만이 있었으니 곧 건재기문(健齋記聞) 약록(略錄)이다.

능침(陵寢)의 사적(事蹟)에 대하여 조목 조목 열거(列擧)한 것을 자세히 살펴보니 자못 소홀(疎忽)하고, 또한 오랜 세월(歲月)이 지나면서 종이가 해지고 때가 묻어 글자가 잘 보이지 않으니 이렇게 몇 년이 더 경과하면 아무것도 없는 상태(烏有) 에 이르를 것이다.

400년 원릉(園陵)을 지켜 수호(守護)하는 곳에 한 조각이라도 살펴 볼 글이 없으면 어찌 슬픈 일이 아니겠는가? 이에 다섯가지를 취(取)해서 정리한다.

능지(陵誌)는 그 범례(凡例)와 분목(分目)과 열서(列書)를 구비(具備)하여 후세(後世) 사람들이 볼 수 있도록 하고, 옥첩(玉牒 ; 王室의 系譜)과 감히 같이 기록할 수가 없으므로 별도로 존경하는 뜻을 나타내고, 공식적(公式的)인 절목(節目) 의 모든 직무(職務)와 소관(所管)과 관계(關係)되는 것들은 하편(下篇)에 따로 기록하였다.

승정 기원후3(1631)년 신미 서원 한후유 근식
崇禎 紀元後三(仁組九) 辛未 西原 韓後裕 謹識

건원릉지 〈상〉 (健元陵誌 〈上〉)

태조강헌지인계운성문신무정의광덕대왕
太祖康獻至仁啓運聖文神武正義光德大王

휘(諱)는 단(旦)이요 자(字)는 군진(君晉)이며, 초휘(初諱)는 성계(成桂)요 자(字)는 중결(仲潔)이며, 호(號)는 송헌(松軒)이다.

지원(至元) 원년 을해(乙亥 ; 1335) 〈고려 충숙왕 복위 4〉 년 10월 11일 기미(己未), 영흥부 흑석리(永興府 黑石里) 사제(私第)에서 탄생(誕生)하시다. 〈아버지 桓祖의 潛邸〉

고려(高麗) 조정(朝廷)에서 벼슬을 하였고 관직(官職)이 문하시중(門下侍中)에 이르렀으며, 대명(大明) 홍무(洪武) 25 임신(壬申 ; 1392)년 7월 16일, 좌시중(左侍中) 배극렴(裵克廉) 등이 고려 조정의 혼란(混亂)함을 보고 창의(倡義)로써 추대(推戴)하여 드디어 송경(宋京)의 수창궁(壽昌宮)에서 보위(寶位)에 오르셨다. 〈춘추(春秋) 58세〉

선대(先代) 4분을 왕으로 추존(追尊)하시고, 국호를 조선(朝鮮)으로 개칭(改稱)하였다.

갑술(甲戌 ; 1395)년 〈춘추 60세〉에 기로소(耆老所)에 들어가시고, 문신(文臣)2품 벼슬과 70세 이상의 노인(老人)과 함께 기로연(耆老宴)을 베풀도록 명하였다.

11월, 한양(漢陽)에 도읍(都邑)을 이룩하시고 종묘(宗廟)를 세웠으며, 무인(戊寅 ; 1398)년 9월 아들 공정대왕(恭靖大王 ; 定宗)에게 전위(傳位)하셨다.

영락(永樂) 6년 무자(戊子 ; 1408)년 〈太宗8〉 5월 24일 임신(壬申)일에 창덕궁(昌德宮)의 광연루(廣延樓)아래 별전(別殿)에서 승하(昇遐) 〈춘추 74세〉 하셨다.

위(位)에 계신지 7년이요 상왕(上王)으로 계신지 10년이다.

황조(皇朝 ; 明)로부터 「강헌(康獻)」 이라고 시호(諡號)를 받았다. 〈溫良好樂을 "康"이라 하고, 聰明睿智를 "獻"이라 한다〉

어진(御眞)은 두 벌이 있었으니, 한 벌은 전주(全州)의 경기전(慶基殿)에 봉안(奉安)하고 한 벌은 영흥(永興)의 선원전(璿源殿)에 봉안하였으며, 슬하에 8남 5녀를 두었다.

무자(戊子 ; 1408)년 9월 9일, 양주(楊洲) 검암산(儉巖山) 계좌정향(癸坐丁向)에 모시고 능호(陵號)를「건원(健元)」이라 하였다.

비(妃)는「승인순성신의왕후(承仁順聖神懿王后)」한씨(韓氏)이시다. 〈籍은 安邊〉

밀직부사(密直副使) 증(贈) 영문하부사(領門下府事) 안천부원군(安川府院君) 경(卿)의 따님이시고, 지원(至元) 3년 정축(丁丑 ; 1337)에 태어나 홍무(洪武) 24 신미(辛未 ; 1391)년 9월 23일 정미(丁未)에 잠저(潛邸)에서 승하 〈춘추 55세〉 하시다.

태조(太祖)께서 즉위(卽位)하시고 처음에는「절비(節妃)」라고 시호(謚號)를 내렸으며 모두 6남 2녀의 소생을 두었고, 제릉(齊陵)에 장례하였다. 〈풍덕(豊德) 북쪽 율촌(栗村) 갑좌경향(甲坐庚向)〉

계비(繼妃)는「순원현경신덕왕후(順元顯敬神德王后)」강씨(康氏)이며, 〈籍은 谷山〉 판삼사사(判 三司事) 증(贈) 상산부원군(象山府院君) 윤성(允成)의 따님이다.

6월24일 탄생(年度未詳)하시고, 태조께서 즉위(卽位)하여서「현비(顯妃)」에 책봉되고, 홍무(洪武)29 병자(丙子 ; 1396) 〈태조5〉 년 8월13일 무술(戊戌)에 이어소(移御所)에서 승하하였다. 〈판 내시부사(判 內侍府事) 이득분(李得芬)의 집〉

소생은 2남 1녀가 있다. 묘소는 정릉(貞陵)이다. 〈양주 남사하리(楊州 南沙河里) 경좌갑향(庚坐甲向)이며, 정축(丁丑 ; 1397)년 정월 초 한성(漢城) 황화방 북원(皇華坊 北原)에 장례 지냈으나 태종9(己丑 ; 1409)년 2월 23일 이곳으로 천릉(遷陵)하였다〉

신도비명 병서 (神道碑銘 幷序)

영락(永樂)7년 4월 일 립(立)

하늘이 덕이 있는 사람을 생각하여 다스리는 운수(運數)를 열어 주려고 할 때에는 반드시 먼저 특이한 징조(徵兆)를 나타내 그의 부명(符命 : 하늘에서 임금이 될 만한 사람에게 주는 상서로운 징조)을 보여 주는데, 하(夏)나라에서는 현규(玄圭)를 준 일이 있었고, 주(周)나라에서는 협복지몽(協卜之夢)이 있었다. 한(漢)나라를 거쳐서 그 이후로 어느 왕조(王朝)에서나 각각 다 이러한 징조가 있었는데, 이것은 하늘에서 내려준 것이지 사람의 모책(謀策)에서 이루어진 것이 아니었다.

태조대왕(太祖大王)은 용연(龍淵)에 계실 때부터 공훈(功勳)과 덕(德)이 이미 높았고, 부명(符命)도 또한 현저(顯著)하였다. 꿈에 신인(神人)이 금척(金尺 ; 금으로 만든 자)을 가지고 하늘에서 내려와 이를 대왕에게 주며 말하기를

"공(公)은 마땅히 이것을 가지고 나라를 바로 잡으시오."

하나라의 현규와 주나라의 꿈과 더불어 같은 부명이라고 말할 수 있다.

또 이인(異人)이 문(門)에 와서 글을 올리며 말하였다.

"지리산(智異山)의 바위 사이에서 얻은 것입니다."

그런데, 그 금척에 적힌 글에는 "나무 아들이 삼한(三韓)을 고쳐 바로 잡는다 〔木子更正三韓〕"라고 쓰여 있었고, 곧 바로 사람을 시켜 나가 맞이하려 했으나 글을 갖고 온 자는 이미 가고 없었다. 서운관(書雲觀)에는 예전부터 소장(所藏)하여 내려 오는 ≪비기≫ (秘記 : 예언서)의 '구변진단지도'〔九變震檀之圖 : 아홉번 변하는 진단의 그림]에 건목득자[建木得子 : 나무를 세워 아들을 얻음〕라는 말이 있다.

『조선』을 「震檀」 이라고 하는 설이 수 천년 동안 내려 왔는데 오늘에야 비로서 특별히 증험(證驗)되었다. 하늘이 유덕(有德)한 이를 믿고 생각하여 돕는다 함은 진실로 징험(徵驗)이 있는 것이다.

신(臣)이 삼가 ≪선원계보(璿源系譜)≫를 상고(詳考)하여 보건대, 이씨는 전주(全州)의 망족(望族)이다. 사공(司空)은 휘(諱)가 한(翰)인데 신라(新羅)에서 벼슬하였고, 신라 종성(宗姓 ; 王室의 姓)의 딸에게 장가들었다. 6세손(世孫) 긍휴(兢休)에 이르러 처음으로 고려에 벼슬하였고, 13세(世)까지 이르렀다.

태조대왕의 고조(高祖)인 목왕(穆王)은 원나라 조정에 들어가 벼슬하여 천부장(千夫長)을 하였고, 4세(世)까지 걸쳐 내려 오면서 벼슬을 하였는데 모두 다 능히 잘하였다.

원나라의 정치가 쇠퇴(衰退)하게 되자, 황고(皇考) 환왕(桓王)은 우리나라에 돌아와 고려 공민왕(恭愍王)을 섬겼다. 지정(至正) 신축(辛丑 ; 1361)년에 홍건적(紅巾賊)이 쳐들어와 왕경(王京)을 함락(陷落)할 즈음, 공민왕이 남쪽으로 몽진(蒙塵)하고, 태조께서 군사를 보내어 싸워 이겨서 수복(收復)하고 맨 먼저 승첩(勝捷)의 보고를 올렸다.

다음 해 임인(壬寅 ; 1362) 〈高麗 恭愍王11〉 년에는 오랑캐 나하추(納哈出)를 쳐서 달아나게 하였고, 또 그 다음 해 계묘(癸卯 ; 1363)년에는 위왕(僞王) 터치물(塔哈木)을 물리쳤다.

이에 공민왕이 더욱 믿고 의지(依支)함이 두터워지면서, 여러 번 벼슬이 올라가 장상(將相)에 이르러 조정의 안팎을 드나들었다.

경서(經書)와 사기(史記)를 보고 힘써 노력(努力)함을 게을리 하지 않았으며, 세상을 구제(救濟)할 도량(度量)과 살리기를 좋아하는 덕은 지성(至誠)에서 나왔다.

공민왕이 죽고 다른 성씨(姓氏)가 왕위(王位)를 절취(竊取)하고 권력(權力)있는 간신(姦臣)들이 국정(國政)을 멋대로 휘두르며 나라의 정치(政治)를 어지럽게 하는 와중에 바다의 도적(海寇)들이 나라안에 깊숙이 들어와 군・현(郡・縣)에 불지르고 약탈(掠奪)하였다.

홍무(洪武) 경신(庚申 ; 1380) 〈高麗 禑王6〉 년에 우리 태조가 운봉(雲峰)에서 싸워 이김에 동남쪽 지방이 편안(便安)하게 되었다.

무진(戊辰 ; 1388)년에 시중(侍中) 최영(崔瑩)이 권간(權奸)들의 목을 베며 지나치게 참혹(慘酷)하게 할 때, 우리 태조에게 의지하여 목숨을 보전(保全)한 사람이 많았다.

최영이 태조를 시중으로 하고, 이어서 우군도통(右軍都統)의 절월(節鉞)을 준 다음에 억지로 요(遼)나라를 공격(攻擊)하게 하였다. 군사(軍士)가 위화도(威化島)에 머무르고 있을 때, 앞장서서 여러 장수(將帥)들을 거느리고 바른 도리(道理)를 지켜 깃발을 되돌렸다.

군사들이 언덕에 올라감에 맞춰서 큰 물이 섬을 삼켜 버림으로 모두가 신기(神奇)하게 여겼다. 최영을 조정에서 물러나게 하고, 후임(後任)에 유명한 유학자(儒學者) 이색(李穡)을 좌시중(左侍中)으로 삼았다.

바로 이 때에 권간들은 국정을 탁란(濁亂)하게 하고, 광패(狂悖)한 자들이 서로 모함(謀陷)을 꾸며서 위망(危亡)의 형세(形勢)가 급급(急急)하여 화란(禍亂)을 예측할 수가 없었다.

우리 태조의 전이(轉移)하는 힘이 아니면 온 나라가 위태(危殆)롭게 되었다.

이에 이색이 "이제 공(公)이 의로운 일을 거사(擧事)하여 중국(中國)을 높이었습니다.

그리고 우리나라의 집정자(執政者)가 친히 입조(入朝)하지 않고서는 안됩니다." 라고 말했다.

이윽고 날짜를 정하여 명나라 서울에 갈 준비를 하였다.

태조는 여러 아들 중에서 우리 주상(主上 ; 太宗)전하를 이색과 함께 중국에 보내 고황제(高皇帝 ; 明洪武帝)에게 조알(朝謁)하자 고황제께서 칭찬(稱讚)하시고 나서 돌려보냈다.

기해(己亥 ; 1389)년 가을 황제가 우리나라에서 다른 성씨를 왕으로 삼은 것을 문책(問責)하였다. 태조가 여러 장군(將軍) 및 재상(宰相)들과 함께 왕씨(王氏)의 종친(宗親)인 정창군(定昌君 ; 瑤)을 임금으로 세우고 정성을 다해 정사(政事)를 보살피었다.

사전제도(私田制度)를 폐지하고 쓸데없는 관원들을 도태(淘汰)시키자 백성들은 매우 기뻐하는 마음이었으나, 태조의 공(功)이 높아짐에 따라 시기(猜忌)하는 무리가 생기며 참소(讒訴)와 간악(奸惡)한 모함(謀陷)과 무고(誣告)가 잇달아 꾸며짐에 정창군까지도 자못 의심(疑心)하였다.

태조는 벼슬도 성만(盛滿)하였으므로 노퇴(老退)하겠다고 임금에게 요청하였지만 허락(許諾)을 받지 못했다. 그 때 마침 태조가 서행(西行)하였다가 병으로 귀경(歸京)했는데, 모함(謀陷)하는 자들의 음모(陰謀)의 기세(氣勢)가 더했다.

그러나 임금께서 변고(變故)를 억제(抑制)하고 갖은 모함을 와해(瓦解)시키는 등 적절(適切)하게 처리(處理)하였다. 홍무(洪武) 임신(壬申 ; 1392)년 가을 7월 16일 왕이 대신(大臣) 배극렴(裵克廉)·조준(趙浚)등 52명과 더불어 창의(倡義)하여 우리 태조를 추대(推戴)하자 신료

(臣僚)와 부로(父老)들이 미리 의론(議論)함이 없었는데도 이에 뜻을 모두 같이 하였다.

태조께서 이 사실(事實)을 듣고 놀라 일어나 세 번을 굳이 사양(辭讓)하다가 어쩔 수 없이 마지못해 왕위(王位)에 올랐는데, 마루의 섬돌조차 내려오지 않은 채 한 나라가 스스로 이루어졌다. 이는 하늘이 도운 바가 아니고서야 어느 누가 감히 이와 같이 할 수가 있겠는가?

즉시 지중추원사(知中樞院事) 신(臣) 조반(趙胖)을 명(明)나라에 보내 황제에게 알리자 이에 조서(詔書)를 내렸는데 그 내용은 다음과 같다.

"삼한(三韓)의 백성들이 이미 이씨(李氏)를 높히었으며, 병화(病禍)가 없고 사람마다 제각기 하늘이 주는 즐거움에 만족(滿足)하고 있음은 바로 상제(上帝)의 명(命)이라 보오" 하고, 또 "나라 이름을 무엇으로 하려 하오?" 하고 물었다.

이에 예문관 학사(藝文館 學士) 신(臣) 한상질(韓尙質)을 즉시 보내서 주청(奏請)하자, 황제가 조서(詔書)내리기를,

"조선(朝鮮)이라는 이름이 아름다우니, 이에 근본(根本)하여서 이름을 지음이 좋겠소.

하늘을 본받아 백성을 다스려 길이 후대(後代) 자손(子孫)까지 창성(昌盛)하게 이르도록 하시오."하였다.

태조의 위엄(威嚴)과 명성(名聲)과 의로움과 열렬(熱烈)함이 위에까지 들려 황제의 마음속에 남아 있었기 때문에 청명(請命)하여 윤허(允許)를 얻게 되었으니 어찌 우연한 일이겠는가?

태조3(甲戌 ; 1394)년 여름에 우리나라 백성 중에 중국 황제에게 무고(誣告)한 자가 있어 황제가 왕의 친아들을 입조(入朝)시키라 하였다.

태조는 지금의 우리 전하가 《경서(經書)》에 능통(能通)하고 사리(事理)에 밝아 여러 아드님들 중에서 제일 현명(賢明)하다고 하여 즉시 보냈다.

도착(到着)하여 진술(陳述)하는 의견(意見)이 황제(皇帝)의 뜻에 맞으므로 예(禮)로써 우대(優待)를 받고 돌아와 그 해 겨울 11월 한양(漢陽)에 수도(首都)를 정하고, 궁궐(宮闕)을 짓고 종묘(宗廟)를 세웠다.

4대(四代)를 추존(追尊)하여 황고조(皇高祖)를 목왕(穆王)으로 배위(配位) 이(李)씨를 효비

(孝妃)라 하고, 황증조(皇曾祖)를 익왕(翼王) 배위 최(崔)씨를 정비(貞妃)라고 하였으며, 황조(皇祖)를 탁왕(度王) 배위 박(朴)씨를 경비(敬妃)라 하고, 황고(皇考)를 환왕(桓王) 배위 최(崔)씨를 의비(懿妃)라고 하였다. 예악(禮樂)을 닦고, 제사(祭祀)를 삼가 받들며, 관복(官服)의 제도를 정하여 위의(威儀)의 등차(等差)를 구분하고, 배움(學校)을 일으켜 재주 있는 자를 육성(育成)하며, 봉록(俸祿)을 후(厚)하게 하여 선비들을 권장(勸奬)하였고, 소송(訴訟)을 밝게 분별(分別)하여 바르게 판결(判決)하며, 수령(守令)을 뽑는데 신중(愼重)하게 하고, 좋지 못한 정치(政治)는 모두 고치게 하는 등 여러 가지 공적(功績)이 밝게 빛났다.

바다의 도적(海寇)들이 와서 복종(服從)하고, 주변(周邊)을 비롯한 나라 안은 편안하게 되었다.

우리 태조의 높은 성덕(盛德)은 정말 하늘이 주신 용기(勇氣)와 지혜(智慧)이며, 총명하고 신무(神武)하고 영웅(英雄)스럽고 위대(偉大)한 임금이라고 말할 수 있다.

간신(姦臣) 정도전(鄭道傳)이 표전(表箋)(表辭獲譴)때문에 황제의 조정에 견책(譴責)을 받게 되자, 황제의 명령을 거부하려고 음모(陰謀)하여 무인(戊寅 ; 1398)년 가을 8월에 우리 태조가 병중인 틈을 타서 어린 얼자(孽子)와 함께 자기의 뜻을 제멋대로 펴보려고 하였다.

전하가 그 기미(機微)를 밝게 살피어 이들을 남김없이 제거하고, 적장자(嫡長子)인 지금의 상왕(上王)을 세자(世子)로 세울 것을 요청하였다.

9월 정축(丁丑)일에 태조가 병(病)이 낫지 아니하므로 지금의 상왕(上王 ; 定宗)에게 선위(禪位)하였다. 상왕은 후사(後嗣)가 없고, 또 나라를 열고 사직(社稷)을 정한 것은 모두 우리 전하의 공적(功績)이므로 전하를 세자(世子)로 책립(冊立)하였다.

경진(庚辰 ; 1400)년 가을 7월 기사(己巳)일에 「계운신무태상왕(啓運神武太上王)」이라는 존호(尊號)를 올렸다.

겨울 11월 계유(癸酉)일에는 상왕도 또한 질환(疾患) 때문에 우리 전하에게 선위하고 전하는 사신을 명나라에 보내어 명(命)을 청하자, 영락(永樂) 원(1403)년 여름 4월에 황제가 도지휘사(都指揮使) 고득(高得) 등을 보내어, 황제인(皇帝印)이 찍힌 조서를 받들고 와서 우리 전하를 책봉(冊封)하여 국왕(國王)으로 하였다.

이어 한림대조(翰林待詔) 왕연령(王延齡) 등이 우리나라에 와서 전하를 봉양하고, 양궁(兩宮

; 上王과 太上王)에게 정성(精誠)과 공경(恭敬)함을 극진히 하였으나 영락(永樂) 무자(戊子 ; 1408)년 5월 24일(壬申)에 태조가 안가(晏駕 ; 昇遐)하셨다.

이 때 춘추가 74세였고, 재위 기간은 7년이고, 노쇠(老衰)하여 정사(政事)를 보지 아니한 지가 11년이었다. 활과 칼을 갑자기 버리시니[忽遺 : 갑자기 승하함] 아, 슬프다.

우리 전하께서는 애모(哀慕)함이 망극(罔極)하여, 거상(居喪)에 예(禮)를 극진(極盡)히 하였다.

옥책(玉冊)과 금보(金寶)를 받들어 태조에게 「지인계운신무대왕(至仁啓運神武大王)」이라는 존호를 올렸다. 이 해 9월 초9일 갑인(甲寅)에 도성(都城)동쪽 양주(楊州)고을에 속한 땅인 검암산(儉巖山)에 장례(葬禮)를 모셨는데, 능호(陵號)를 『건원(健元)』이라 하였다.

부고(訃告)를 듣자, 명(明)나라 황제도 매우 슬퍼하여 정무(政務)를 중지하고, 즉시 예부낭중(禮部郎中) 임관(林觀) 등을 파견(派遣)하여 대뢰(大牢 : 나라의 제사에 소를 통채로 바치는 제사)로서 사제(賜祭)하였는데 그 제문(祭文)은 대략 이러하다.

“왕은 밝고 통달(通達)하고 선(善)을 좋아하였는데, 이는 천성(天性)에서 나온 것이며, 공경(恭敬)하여 천도(天道)에 순종(順從)하고, 근신(謹愼)하는 마음으로 사대(事大)하였으며, 한 방면(方面)의 백성들을 보휼(補恤)함에 우리 황고[皇考 : 돌아가신 아버지]의 깊은 충성을 가상(嘉尙)하게 여기시어 다시 나라 이름을 『조선(朝鮮)』이라고 내리셨다.

왕의 공덕(功德)이 드러남은 비록 고대 조선의 어진 임금일지라도 더 나을 수 없다.”

또 고명(誥命)을 내려 시호(謚號)를 「강헌(康獻)」이라 하고, 전하에게 조칙(詔勅)을 내리고 부의(賻儀)를 내림에 있어 특별(特別)히 후(厚)하게 하니, 남달리 총애(寵愛)하는 은전(恩典)은 더할 수 없이 갖추어져서 유감(遺憾)됨이 없었다.

우리 태조가 하늘을 경외(敬畏)하는 정성과 전하의 뜻을 잇는 효도(孝道)가 전후(前後)를 서로 이어져서 하늘의 뜻을 잘 누렸으므로, 종시(終始 ; 麗末鮮初)의 즈음에 크게 하늘과 사람이 위와 아래에서 돕는 일이 이처럼 지극(至極)함을 얻었다.

오호성재(嗚呼盛哉)라!

수비(首妃) 한씨(韓氏 ; 神懿王后)는 안변세가(安邊世家)인 증 영문하부사(贈 領門下府事) 안천부원군(安川府院君) 휘(諱) 경(卿)의 딸로 태어나 왕보다 먼저 승하(昇遐)하시어 「절비(節妃)」

라고 시호(諡號)를 올리고, 나중에 「승인순성신의왕후(承仁順聖神懿王后)」 라고 다시 시호를 올렸다. 소생으로 6남 2녀를 두었다.

상왕(上王-定宗 ; 芳果-永安大君)께서는 둘째 아들이며, 전하(殿下-太宗 ; 芳遠-靖安大君)는 다섯째 아들이다. 첫째 아들 방우(芳雨 ; 鎭安君)는 먼저 돌아 가셨고, 셋째 아들 방의(芳毅 ; 益安大君)도 역시 먼저 돌아 갔으며, 넷째 아들 방간(芳幹 ; 懷安大君)과 여섯째 아들 방연(芳衍)은 등과(登科)는 했으나 녹(祿)을 받지 않고 증 원윤(贈 元尹)하고 일찍 세상을 떠났다.

첫째 딸은 경신궁주(慶愼宮主)로 상당군(上黨君 ; 李佇)에게 출가(出嫁)했는데 같은 이씨(李氏)가 아니고, 둘째 딸 경선궁주(慶善宮主)는 청원군(靑原君 ; 沈淙)에게 출가하였다.

둘째 왕비 강씨(康氏)는 판삼사사(判三司事) 윤성(允成)의 딸로서 초봉(初封)은 「현비(顯妃)」로 왕보다 먼저 승하하였으며 「신덕왕후(神德王后)」 라고 시호를 올렸다.

소생으로 2남 1녀가 있는데 첫째 아들은 방번(芳蕃)으로 공순군(恭順君)에 증직(贈職)되고, 둘째 아들은 방석(芳碩)으로 소탁군(昭悼君)에 증직되었다.

딸 경순궁주(慶順宮主)는 흥안군(興安君 ; 李濟)에게 출가했는데 역시 같은 이씨가 아니며, 2남 1녀 모두 일찍 죽었다.

상왕비(上王妃 ; 定安王后) 김씨는 왕대비(王大妃)에 봉하고 문하시중(門下侍中) 천서(天瑞)의 딸로서 후사(後嗣)가 없다.

중궁(中宮) 정비(靜妃) 민씨는 여흥부원군(驪興府院君) 문도공(文度公) 휘 제(霽)의 딸로 4남 4녀를 낳았는데, 큰 아들은 세자(世子) 시(禔) 양녕대군(讓寧大君), 다음은 호(祜 ; 初名) 효령대군(孝寧大君 ; 補), 다음은 세종어휘(世宗御諱) 충령대군(忠寧大君 ; 祹), 다음은 어리다. 큰 딸 정순궁주(貞順宮主)는 청평군(淸平君 ; 李伯剛)에게 출가했는데 역시 같은 이씨가 아니고, 둘째 딸 경정궁주(慶貞宮主)는 평양군(平壤君 ; 趙大臨)에게 출가하고, 셋째 딸 경안궁주(慶安宮主)는 길창군(吉昌君 ; 權跬)에게 출가하고, 넷째 딸은 아직 어리다.

진안(太祖의 장남 ; 芳雨)은 찬성사(贊成事) 지윤(池奫)의 딸과 결혼하여 2남을 두었는데, 큰 아들 복근(福根)은 봉녕군(奉寧君)으로 하고, 다음 덕근(德根)은 원윤(元尹)으로 있었다.

익안(태조의 3남 ; 芳毅)은 증 문하찬성사(贈 門下贊成事) 최인두(崔仁枓)의 딸과 결혼하여 아들 석근(石根 ; 益平君)을 낳았다. 회안(태조의 4남 ; 芳幹)은 증 문하찬성사 민선(閔璿)의 딸과 결혼하여 맹종(孟宗 ; 義寧君)을 낳았다.

신(臣)은 역대(歷代) 천명(天命)을 받아 창업(創業)한 임금을 우러러 봄에, 덕과 사업의 성대(盛大)함과 부명(符命)의 신기(神氣)함이 사기(史記)에 빛나서 그 광채(光彩)의 흐름이 끝없어 보인다.

이제 우리 조선이 탄생(誕生)하여 일어남에 성대한 덕(德)과 큰 부명이 옛보다도 광채가 난다. 이에 마땅히 이미 그 왕위를 얻고 또 그 장수(長壽)를 얻은 것이며, 넓은 터전을 높게 하여 큰 복조(福祚)를 흘려 보냈기로 하늘과 땅과 더불어 장구(長久)하리라. 신(臣) 근(近)이 외람되게 비석(碑石)에 새기는 글을 지으라는 명령(命令)을 받았음에 정성을 다하여 성대(盛大)한 덕을 펴서 기술(記述)하여 밝은 빛을 후세에 빛나게 하지 않을 수 있으랴.

그러나 신의 글재주가 비졸(鄙拙)하여 그고 이름다움을 드러내어 선양(宣揚)하며 밝은 뜻을 만족하게 칭송(稱頌)하기에 부족하므로 다만 삼가 사람들의 귀와 눈에 남아 있는 공훈(功勳)과 덕택(德澤)만을 찬술(撰述)하고, 감히 손모아 절하며 머리를 조아려 명(銘)을 받드는데 그 글은 이렇다.

"하늘이 백성을 낳으시고 사목(司牧 ; 임금)을 세우고 길러서 키우며 다스리게 하실 때, 하늘이 돕고 또 돕고 명령은 혁혁(赫赫)하게 나타나 있어라.

하우(夏禹)씨는 현규(玄圭)를 주고, 주(周)나라 꿈은 협복(協卜)일세.

조선의 우리 왕업(王業) 터전 닦으실 때, 신인(神人)이 꿈 속에 나타나서 금척(金尺)을 주셨다." 부록〔符籙 ; 미래기(未來記)〕이 먼저 정하사, 하늘 뜻 분명(分明)하네.

고려(高麗)의 운수(運數) 이미 끝나게 되었기에, 임금은 혼암(昏闇)하고 재상(宰相)은 혹독(酷毒)하여, 농절(農節)에 출병(出兵)시켜 큰 나라에 싸움을 걸었어라.

우리 태조께서는 의(義)를 지켜 가던 깃발 되돌림에, 죄인(罪人)들은 죄를 알고 복죄(伏罪)하여 벌 받았고, 충성(忠誠)이 위에까지 닿아서 황제 마음 기뻐했네.

천운(天運)은 돌아오고 민정(民情)은 절박(切迫)하여, 위대(偉大)한 왕업(王業) 이미 이룩하심에 저자거리의 상인(商人)들도 점포(店鋪)를 안 바꿨네.

명나라 고황제(高皇帝)가 찬탄(讚嘆)하여 이르기를 '그대 나라의 백성들은 병화(兵禍)없고, 하늘이 주는 기쁨을 계속 즐기는구나' 하였다.

이어서 '조선'이란 옛 국호(國號) 다시 내렸네.

땅을 살펴 도읍(都邑)함에 한강(漢江)의 북쪽인데, 범이 웅크린 듯, 용이 도사린 듯, 왕기(王氣)가 쌓인 자리로구나.

궁궐(宮闕)은 높고, 종묘(宗廟)는 의젓하구나.

어진 마음 매우 깊어 살리기 좋아하며, 정치(政治)는 아름답고 생각은 화순(和順)하여, 백가지 제도(制度)는 잘 갖추어 닦아지고, 만가지 왕화(王化)는 흡족(洽足)하게 되었네.

근정(謹政)하시기에 지치셔서 맏아들에게 전하시고, 또 다시 공적(功績)많은 세자(世子)에게 양위(讓位)하였네. 밝고 밝은 우리 임금 조그마한 조짐(兆朕)있어도 반드시 살피어서 두 번 화란(禍亂)을 평정(平定)함에, 그 경사(慶事) 지극히 돈독(敦篤)하네.

개국(開國)하고 종사(宗社)한 것 모두 나의 공적인가, 대명(大命)을 어찌 사양(辭讓)하겠는가. 신성(神聖)한 큰그릇이 제대로 의탁(依託)되었으니, 양궁(上王과 太上王)을 정성껏 봉양(奉養)함이 참되고 공경(恭敬)하여 지극(至極)하여라.

효도(孝道)와 우애심(友愛心)이 신(神)에게 감통(感通)되어, 황제(皇帝)의 돌보심이 더욱 두터우네. 태상왕(太上王)의 상(喪)을 만나 근심에 잠긴 마음, 슬퍼하며 사모(思慕)하여 몸부림쳐 통곡(痛哭)하셨네.

황제(皇帝)가 부고(訃告) 듣고 매우 슬퍼하시며, 사자(使者)를 보내 조곡(弔哭)하고 대뢰(大牢)를 써서 제사(祭祀)하며, "부의(賻儀)를 넉넉하게 하라"고 칙명(勅命)을 내리고 시호(諡號)를 주어 칭찬하고, 조상(弔喪)하는 예법도 완전하게 갖추었네.

하늘의 도우심이 시종(始終) 변함 없어, 큰 복조(福祚) 길이 이어지고 자손은 천 억만명, 받들어 종사(宗社)함이 유원(悠遠)하고 장구(長久)하여 하늘과 더불어 망극(罔極)하리라.

숭정대부 길창군 집현전 대제학 신 권근 봉 교찬
崇政大夫 吉昌君 集賢殿 大提學 臣 權近 奉 敎撰
대광보국 숭록대부 의정부좌의정 창녕부원군 신 성석린 봉 교서
大匡輔國 崇祿大夫 議政府左議政 昌寧府院君 臣 成石璘 奉 敎書
자헌대부 지의정부사 신 정구 봉 교전
資憲大夫 知議政府事 臣 鄭矩 奉 敎篆

비음기 (碑陰記)

공손(恭遜)히 생각하건대, 우리 태조(太祖)께서는 지극히 높은 덕과 위대한 공로(功勞)로 나라를 창업(創業)하시고, 또 다스리기에 매일 매일 힘을 쓰시더니 뜻하지 않게 병환(病患)이 위독(危篤)하시어 아드님에게 왕위(王位)를 물려 주시고 오래도록 정양(靜養)하시었으나 영락(永樂)무자(戊子 ; 1408)년 봄 정월에 들어서 환후(患候)가 다시 위중(危重)해 지셨다.

우리 전하(殿下 ; 太宗)께서는 지극한 성심(誠心)과 공경함을 다하여 쾌차(快差)하시도록 하늘에 기원(祈願)하여 잠시 차도(差度)가 있었으나 다섯달이 지나면서 다시 위중하시더니 드디어 정침(正寢)에서 홍서(薨逝)하시어 양주(楊州) 검암산(儉巖山)에 예장(禮葬)하였으니 이는 한양(漢陽)으로부터 20여리의 거리다.

이 산은 장백산(長白山)으로부터 시작하여 2,000여리를 꾸불꾸불 내려와 철령(鐵嶺)에 이르러 서쪽으로 꺽여서 수백리를 내려오다 우뚝 멈춰 선 곳이 백운산(白雲山)이고, 다시 남쪽으로 100여리를 이어지다가 북향(北向)하면서 남향(南向)을 한 곳이 검암산이며, 능의 위치는 계좌정향(癸坐丁向)이다.

능에서 곧바로 병방(丙方 ; 南南東) 421자(尺) 거리에 비석(碑石)를 세웠으며, 여기에 우리 태조의 공덕(功德)과 시종(始終)의 성덕(聖德)을 상세히 기록하는 바이다.

우리 전하(殿下 ; 太宗)께서는 개국공신(開國功臣)의 이름을 비석(碑石) 뒷면에 차례대로 새기게 하시고, 또한 정사공신(定社功臣)·좌명공신(佐命功臣)들도 태조께서 나라를 창업(創業)하시는데 중요한 시기마다 계책(計策)을 올려 큰 공헌(貢獻)을 한 사람들이므로 모두를 기틀에 따라서 함께 새겨 넣어 오래 보존하도록 신(臣) 계량(季良)에게 명하심에 이를 기록한다.

신(臣)은 생각하건대 하늘이 큰 덕망(德望)있는 사람을 보내시어 백성을 다스리게 하려면 반드시 고굉(股肱)과 같이 보필(輔弼)하는 신하가 있어 부지런히 임금의 측근(側近)에서 또는 앞에서 열어 주고 뒤에서 튼튼하게 지켜 준 후에야 비로소 큰 공적이 합쳐 모이고 오래도록 대업(大業)을 이룩할 수 있다.

우리 태조께서 나라를 일으키신데는 문무대신(文武大臣)들이 하늘이 명하신 바를 똑바로 알아 좌우(左右)에서 힘써 깨우쳐 드림으로서 가능하였다.

무인년(戊寅年)에 정사(定社)를 이루고 경진년(庚辰年)에 좌명(佐命)이 있었음도 또한 훈척(勳戚)들과 양필(良弼)들이 서로 도와 큰 공을 이룩하여 길이 훌륭한 터전을 마련하였고, 이를 돌에 새겨 세움으로써 전하를 현양(顯揚)하고 훈신(勳臣)들의 포장(褒奬)을 아름답게 기려 여기에 다 함께 기록함으로써 영원히 후세(後世)에 남기도록 하셨다.

통정대부 예조좌참의 수문전 직제학 지제교 지문서 응봉사사 세자좌보덕 신 변계량
通政大夫 禮曹左參議 修文殿 直提學 知制敎 知文書 應奉司事 世子左輔德 臣 卞季良

삼가 머리를 조아려 절하며 이를 기록한다.

개국공신(開國功臣) 51명

비문 원본(原本)에서 베꼈기 때문에 『열성지상(列聖誌狀)』에 의한 개국(開國)·정사(定社)·좌명공신(佐命功臣)들의 명단(名單)이 비각(碑閣)의 것과 약간 차이(差異)가 있다.

의안대군(義安大君) 화(和) 문하좌시중(門下左侍中) 배극렴(裵克廉) 영의정부사(領議政府事) 조준(趙浚) 상락부원군(上洛府院君) 김사형(金士衡) 안평부원군(安平府院君) 이서(李舒) 한성부원군(漢城府院君) 조영무(趙英茂) 봉화백(奉化伯) 정도전(鄭道傳) 판삼사(判三司) 윤호(尹虎) 흥안군(興安君) 이제(李濟) 청해군(靑海君) 이지란(李之蘭) 성산군(星山君) 이직(李稷) 한천군(漢川君) 조온(趙溫) 의정부찬성사(議政府贊成事) 남재(南在) 영성군(寧城君) 오사충(吳思忠) 판한성부사(判漢城府事) 정희계(鄭熙啓) 호조판서(戶曹判書) 조박(趙璞) 흥령군(興寧君) 안경공(安景恭) 참찬의정부사(參贊議政府事) 장사길(張思吉) 의성군(宜城君) 남은(南誾) 예문관대학사(藝文館大學士) 정총(鄭摠) 지의정부사(知議政府事) 김로(金輅)

이성군(伊城君) 손흥종(孫興宗) 옥천군(玉川君) 유상(劉敞) 평성군(平城君) 조견(趙狷) 청성군(淸城君) 정탁(鄭擢) 서천군(西川君) 한상경(韓尙敬) 예문관대학사(藝文館大學士) 심효생(沈孝生) 계림군(鷄林君) 김곤(金稛) 판중추원사(判中樞院事) 이근(李懃) 부흥군(復興君) 조반(趙胖) 한산군(漢山君) 조인옥(趙仁沃) 평해군(平海君) 황희석(黃希碩) 지중추원사(知中樞院事) 조기(趙琦) 지중추원사(知中樞院事) 김인찬(金仁贊) 장성군(長城君) 정용수(鄭龍壽) 지중추원사(知中樞院事) 장담(張湛) 보성군(寶城君) 오몽을(吳蒙乙) 남양군(南陽君) 홍길민(洪吉旼) 동원군(東原君) 함전림(咸傳林) 참지의정부사(參知議政府事) 황거정(黃居正) 흥성군(興城君) 장지화(張至和) 흥원군(興原君) 이부(李敷) 참지의정부사(參知議政府事) 민여익(閔汝翼) 화성군(花城君) 장사정(張思靖) 서성군(瑞城君) 유원정(柳爰廷) 완성군(完城君) 이백유(李伯由) 고성군(高城君) 고려(高呂) 상산군(商山君) 이민도(李敏道) 호조전서(戶曹典書) 조영규(趙英珪) 판선공감사(判繕工監事) 임언충(任彦忠) 상장군(上將軍) 한충(韓忠)

정사공신(定社功臣) 23명

의안대군(義安大君) 화(和) 익안대군(益安大君) 방의(芳毅) 영안군(寧安君) 양우(良佑) 청원군(靑原君) 심종(沈淙) 봉녕군(奉寧君) 복근(福根) 영의정부사(領議政府事) 조준(趙浚) 상락부원군(上洛府院君) 김사형(金士衡) 영의정부사(領議政府事) 하륜(河崙) 의정부우정승(議政府右政丞) 이무(李茂) 한산부원군(漢山府院君) 조영무(趙英茂) 병조판서(兵曹判書) 천우(天祐) 청해군(靑海君) 이지란(李之蘭) 한천군(漢川君) 조온(趙溫) 호조판서(戶曹判書) 조박(趙璞) 안성군(安城君) 이숙번(李叔蕃) 참찬의정부사(參贊議政府事) 장사길(張思吉) 취산군(鷲山君) 신극례(辛克禮) 지의정부사(知議政府事) 김로(金輅) 청성군(淸城君) 정탁(鄭擢) 지중추원사(知中樞院事) 장담(張湛) 화성군(花城君) 장사정(張思靖) 중추원부사(中樞院府事) 장철(張哲)

좌명공신(佐命功臣) 43명

의안대군(義安大君) 화(和)　완천군(完川君) 숙(淑)　영의정부사(領議政府事) 하륜(河崙) 의정부좌정승(議政府左政丞) 성석린(成石璘)　의정부우정승(議政府右政丞) 이무(李茂)　한산부원군(漢山府院君) 조영무(趙英茂)　병조판서(兵曹判書) 천우(天祐)　청해군(靑海君) 이지란(李之蘭)　성산군(星山君) 이직(李稷)　한천군(漢川君) 조온(趙溫)　길창군(吉昌君) 권근(權近)　칠원군(柒原君) 윤저(尹柢)　호조판서(戶曹判書) 조박(趙璞)　안성군(安城君) 이숙번(李叔蕃)　이조판서(吏曹判書) 유량(柳亮)　취산군(鷲山君) 신극례(辛克禮)　면성군(沔城君) 한규(韓珪)　연성군(蓮城君) 김정경(金定卿)　계성군(鷄城君) 이래(李來)　한평군(漢平君) 조연(趙涓)　의성군(義城君) 김영열(金英烈)　지의정부사(知議政府事) 박석명(朴錫命)　여산군(麗山君) 김승주(金承霔)　철성군(鐵城君) 이원(李原)　곡성군(谷城君) 연사종(延嗣宗)　반성군(潘城君) 박은(朴訔)　장천군(長川君) 이종무(李從茂)　파평군(坡平君) 윤곤(尹坤)　남성군(南城君) 홍서(洪恕)　풍천군(豊川君) 심구령(沈龜齡)　참지의정부사(參知議政府事) 황거정(黃居正) 마성군(麻城君) 서익(徐益)　회령군(會寧君) 마천목(馬天牧)　칠원군(漆原君) 윤자당(尹子當) 이성군(利城君) 서유(徐愈)　서령군(瑞寧君) 유기(柳沂)　평강군(平江君) 조희민(趙希閔)　계림군(鷄林君) 이승상(李升商)　희천군(熙川君) 김우(金宇)　영양군(永陽君) 이응(李膺)　원평군(原平君) 윤목(尹穆)　월천군(越川君) 문빈(文彬)　여량군(礪良君) 송거신(宋居信)

지문 (誌文)

영락(永樂) 6년 무자(戊子 ; 1408)년 5월 24일 임신(壬申)에 우리 「태조지인계운성문신무대왕(太祖至仁啓運聖文神武大王)」 께서 홀연히 모든 신하들을 버리셨도다.

우리 전하께서는 망극(罔極)한 애모(哀慕)의 마음으로 선왕(先王)의 거상(居喪)에 극진한 예를 다하시며 삼가 모든 신하를 거느리사 존호(尊號)를 받들어 올리고, 금년 9월 초9일 갑인(甲寅)에 도성(都城)의 동쪽 양주(楊州)에 안조(安厝 ;편안히 모심)하여 검암촌(儉巖村)에 능침(陵寢)을 조성(造成)하고 「건원릉(健元陵)」이라 하였다.

삼가 살펴 보건대, 선원(璿源 ; 李氏王室世譜)은 신라시대(新羅時代)이후 대대로 높은 벼슬을 하고 누대(累代)에 걸쳐 어진 덕을 쌓아서 넉넉히 후손(後孫)들에게 경사(慶事)로움을 이어 주었다.

승하하신 황고조(皇高祖) 목왕(穆王)께서는 원(元)나라에서 천부장(千夫長)의 벼슬에 처음 오른 이래로 4대에 걸쳐 부조(父祖)의 벼슬을 이어 받았음을 보고 사졸(士卒)들이 모두 즐거운 마음으로 계속하여 따랐다.

우리 태조께서는 젊어서부터 쌓은 기국(器局 ; 度量과 才幹)을 닦으셔서 용략(勇略)이 절륜(絕倫)하고 활달(豁達)하여 제세(濟世 ; 세상을 다스림)의 능력(能力)을 갖추었으며, 지극한 어짊과 자애(慈愛)로우심이 천성(天性)으로 일찍이 고려 공민왕(恭愍王)을 섬겨 벼슬이 장상(將相)에까지 이르렀으며, 나라 안팎에서 수차례나 큰 공을 세워 나라와 백성을 편안하게 하였다.

군병(軍兵)을 지휘(指揮) · 통솔(統率)함에 있어 그 기강(紀綱)이 엄숙(嚴肅)하여 추호(秋毫)의 범죄(犯罪)도 용납(容納)하지 않고, 100여 차례의 크고 작은 전쟁(戰爭)에 출전하였다.

신축(辛丑 ; 1361)년에는 홍적(紅敵 ; 홍건적)을 섬멸(殲滅)하여 왕성(王城)을 수복(收復)하고, 또 임인(壬寅 ; 1362)년에 나하추(納哈出)를 패배(敗北)시킨 이래 경신(庚申 ; 1380)년 전라도 운봉(雲峰)에서도 크게 승리(勝利)하니 더욱 칭송(稱頌)이 자자했다.

공민왕이 후사(後嗣)없이 갑자기 승하하자 임견미(林堅味)를 포함(包含)한 신하들이 국정을 제멋대로 휘두르며 백성의 토지를 약탈(掠奪)하는 등 갖은 탐욕(貪慾)과 오욕(汚辱)이 무도(無道)한 지경에까지 이르러, 시중(侍中) 최영(崔瑩)과 우리 전하께서 이를 보고 분연(奮然)히 일어나서 이들을 주륙(誅戮)하고 우리 태조께서 수시중(守侍中)의 벼슬에 오르시니 이는 모든 사람의 희망(希望)에 따른 일이다.

최영이 또한 어리석게도 망령(妄靈)되게 군사를 동원(動員)하여 요(遼)를 공격(攻擊)할 모의(謀議)를 하였다.

우리 태조를 우군도통사(右軍都統使)로 하여 변경(邊境)으로 군대를 출동(出動)하도록 협박(脅迫)하였는데, 태조께서는 여러 장수(將帥)들과 같이 의론하기를 “작은 나라가 큰 나라를 섬기는 일은 고금(古今)에 통용하는 도리이다.

행여 상국(上國)에 죄(罪)를 지을 때에는 그 화(禍)가 민생(民生)을 위태(危殆)롭게 할 것이니 이 어찌 권신(權臣)을 제거하여 나라를 편안(便安)하게 하는 것과 같을 수 있겠는가” 하였다.

이에 여러 장수들과 더불어 의로운 깃발로 회군(回軍)하여서 최영(崔瑩)을 치죄(治罪)하여 직위에서 물러나게 하였다. 왕씨(王氏)의 종친(宗親)인 공양군(恭讓君)을 추대(推戴)하여 충성(忠誠)을 다하여 보좌(補佐)하며, 현재(賢才)를 임용하고, 백성들의 사전(私田)을 개혁(改革)하고, 경계(經界)를 공정히 하고, 용관(冗官 ; 불필요한 관원)을 도태(淘汰)시키고, 명망(名望)있는 인재(人材)를 등용하고, 기강(紀綱)을 바로 세우는 등 방대(尨大)한 규모(規模)로 전조(前朝)의 폐정(弊政)을 과감하게 정리하니 나라 안팎의 인심이 모두 충성심(忠誠心)으로 가득 찼다.

그럼에도 불구하고 공양왕(恭讓王)은 혼미(昏迷)하여서 이와 같은 일을 오히려 좋지 않은 방향(方向)으로 생각하였다. 홍무(洪武)25 임신(壬申 ; 1392)년 가을 7월 충신(忠臣)과 의사(義士)들이 의지(意志)를 같이 하여 우리 태조를 추대(推戴)하고자 하였다. 태조께서는 이러한 낌새를 아시고 재삼 사양(辭讓)하시다가 한결같은 모든 사람의 뜻을 거절할 수 없어 부득이 보위(寶位)에 오르시고, 즉시 밀직부사(密直副使) 조반(趙胖)을 명(明)나라 조정에 보내 문달(聞達)하였다.

고황제(高皇帝 ; 明太祖)께서 성지(聖旨)를 내리시어 국호(國號)를 다시 고치도록 허락(許諾)

하시어 『조선(朝鮮)』이라는 이름을 받았다. 무인(戊寅 ; 1398)년 가을 9월 병(病)으로 인하여 상왕(上王 ; 定宗)에게 내선(內禪 ; 양위는 하였으나 아직 즉위의 예는 올리지 않음)하였으나, 경진(庚辰 ; 1400)년 겨울 11월 상왕 또한 병환(病患)이 발생(發生)하여 다시 전하(殿下 ; 太宗)에게 양위(讓位)를 하셨다.

우리 태조에게 「계운신무태상왕(啓運神武太上王)」이라는 존호(尊號)를 올렸다.

이때 춘추(春秋)가 74세이었고 왕위(王位)에 계신지는 7년이며, 연로(年老)하여서 정사(政事)에는 관여하지 않으시고 영양(榮養)을 누리신지 11년이며, 시종(始終)의 애영(哀榮)이 이에 갖추어졌다.

수비(首妃) 한씨(韓氏)는 영 문하부사(領 門下府事) 휘(諱) 경(卿)의 딸로 왕보다 먼저 승하하였고, 시호(諡號)를 「승인순성신의왕후(承仁順聖神懿王后)」로 추증(追贈)하였으며, 소생으로 6남 2녀를 두셨으니 큰 아들 방우(芳雨)는 진안군(鎭安君)에 봉했으나 일찍 돌아 가셨고, 우리 상왕 전하(殿下 ; 芳遠)는 다섯째로서 정안대군(靖安大君 ; 太宗), 둘째는 방과(芳果) 영안대군(永安大君 ; 定宗)이시고, 셋째 방의(芳毅)는 익안대군(益安大君)에 봉했으나 역시 먼저 돌아 가셨고, 넷째 방간(芳幹)은 회안대군(懷安大君)에 봉했고, 여섯째 방연(芳衍)은 등과(登科)했으나 녹(祿)을 받지 않았고, 첫째 딸은 경순궁주(慶順宮主)로 상당군(上黨君 ; 李佇)에게 출가(出嫁)했는데 같은 이씨(李氏)가 아니고, 둘째 딸은 경선궁주(慶善宮主)로 청원군(青原君 ; 沈淙)에게 출가하였다.

상왕(上王 ; 定宗)은 적출(摘出)의 사자(嗣子)가 없으며, 현재 중궁(中宮)이신 정비(靜妃) 민씨(閔氏)는 여흥부원군(驪興府院君) 휘(諱) 제(霽)의 딸로 4남 4녀의 소생을 두었다.

첫째는 세자(世子)인 시(禔), 둘째는 보(補) 효령군(孝寧君), 셋째는 (世宗御諱) 도(祹) 충녕군(忠寧君), 넷째는 아직 어리고, 첫째 딸은 정순궁주(貞順宮主)로 청평군(清平君) 이백강(李伯剛)에게 출가하였는데 같은 이씨(李氏)가 아니며, 둘째 딸 경정궁주(慶貞宮主)는 평양군(平壤君) 조대림(趙大臨)에게 출가하였고, 셋째 딸 경안궁주(慶安宮主)는 길창군(吉昌君) 권규(權跬)에게 출가했으며, 넷째 딸은 아직 어리다.

신 권근 찬
臣 權近 撰

태상왕(太上王)에게 존호(尊號)를 올린 옥책문(玉册文)

〈 정종(定宗) 2(1400)년 경진(庚辰) 7월 기사(己巳) 〉

천령(千齡)에 응(應)하여 이를 짓노니, 군(君 ; 太上王)께서 처음 경운(景運 ; 상서로운 기운)을 열어 나라를 세우시고 아드님에게 이어 주시니 극진(極盡)한 존칭(尊稱)을 올리는 것이 마땅합니다. 이에 전장(典章 ; 規則)을 들어 성효(誠孝)를 다하여 글을 짓는다.

공손히 받들어 생각하건대 태상왕전하(太上王殿下)께서는 용력(勇)과 지혜(智)는 하늘로부터 받으시고 성경(聖敬)은 날로 진보(進步)하셨고, 무열(武列)은 혼란(混亂)한 세상(世上)을 바로 잡는데 있어 뛰어 나셨으며, 관인(寬仁)을 세상 백성에게 널리 피셨다. 이에 이르러 많은 사람의 뜻에 따라 추대(推戴)되심으로써 왕업(王業)의 흥륭(興隆)을 이루셨고, 바야흐로 온갖 법도(法道)를 유신(維新) 개혁(改革)하시어 서둘러 만기(萬機 ; 정치상의 온갖 중요한 기틀)의 기틀을 마련하면서 대위(大位)를 묘궁(眇躬 ; 몸을 낮게 함)하여 물려 주는 일에 힘쓰셨다.

드디어 부지런히 힘써 대위(大位)를 이어 받음에 모든 일에 정성(精誠)을 다하고 바른 길로 가도록 격려(激勵)하여 지극한 성덕(盛德)을 떨칠 수 있도록 권면(勸勉)하셨다.

이에 엄숙(嚴肅)히 휘호(徽號)를 받들어 모든 신하들이 책례(册禮)를 거행(擧行)할 것을 기원(祈願)하니 신(臣)은 모든 사람의 간절(懇切)한 소원(所願)을 저버릴 수 없어 삼가 책보(册寶)를 받들어 존호를 올리니 「계운신무(啓運神武)」라 한다.(舊本無自臣至武十八字)

엎드려 생각하건대 태상왕(太上王)전하께서는 포용(包容)하는 도량(度量)의 넓으심과 복육(覆育 ; 천지가 만물을 덮어 기름)하시는 자애(慈愛)로우심을 미루어 그 일체(一體)되심이 하늘과 같이 크셔서 만백성의 어버이가 되시니 영세(永世)토록 많은 수(壽)를 누리시리로다.

신 권근 찬
臣 權近 撰

시책문 (諡册文)

〈 태종(太宗) 8(1408)년 무자(戊子)9월 기유(己酉) 〉

이모(貽謀 ; 조상이 자손에게 끼친 계책)로써 창업(創業)하였음은 실로 크신 덕(德)에서 비롯되었음이니 이제 이름을 바꾸어 시호(諡號)를 정함에 이르러 오로지 옛 장식(章式)에 따라 휘호(徽號)를 올립니다.

삼가 공손히 생각하니, 「대행태상황(大行太上皇)」 께서는 품성(品性)과 자질(資質)이 신성(神聖)하시고, 마음가짐이 어질고 너그러우시어, 전조(前朝 : 高麗)가 쇠망(衰亡)했을 때 갖가지 어려움을 극복(克服)하여 평정(平定)하시고, 위로는 하늘의 애호(愛護)하심과 돌보심에 힘입어 비로소 제왕(帝王)의 큰 기업(基業)을 이룩하셨고, 풍정(風霆 : 천둥과 번개, 즉 어려운 사건)을 굳센 위엄(威嚴)으로 평정하시고, 문치(文治)는 해와 달같이 밝게 세상을 다스리셨다.

황제(皇帝)의 명을 받아 국호(國號)를 고쳐 새롭게 하시고, 세속을 벗어난 높은 견식(見識)으로 새로운 도읍(都邑)을 정하시어 백성들이 영구히 살도록 하심으로써 우리 나라의 무궁(無窮)한 운수(運數)를 여셨으니 참으로 백성을 사랑하시는 마음에 근원을 두셨습니다. 나라를 다스림에 있어서는 곤궁(困窮)한 백성을 먼저 생각하시고, 모든 사물에 은혜(恩惠)를 끼치게 하셨다. 왕업(王業)을 잇는 것이 어렵고 큰 것을 생각하여 왕의 섭생(攝生)은 모두가 말하기를 백세(百歲)까지 편안히 지내시리라 했더니 어찌하여 빈천(賓天 : 임금의 붕어)을 재촉하여 슬퍼하고 땅을 치게 하십니까?

홀연히 땅을 치는 슬픔을 당하여 마땅히 추숭(追崇)하는 예(禮)를 올림에 있어 성심(誠心)을 다하고자 이에 아름다운 칭호(稱號)를 지어 후손(後孫)들에게 좋은 교훈(敎訓)을 남기고자 삼가 모관(某官)을 보내어 옥책(玉册)을 받들어 「지인계운성성문신무대왕(至仁啓運聖文神武大王)」 이란 시호를 올리고, 묘호(廟號)를 『태조(太祖)』 라 올립니다.

우러러 생각하건대 존령(尊靈)께서 깊이 굽어 살피사 지극(至極)한 정성과 하늘이 내리신 많은 복(福)으로 세세(世世)토록 자손들을 보우(保佑)하사 세상 사람이 알지 못하는 음덕(陰德)을 천지(天地)에 오래 가득하도록 내리실 것이다.

신 변계량 찬
臣 卞季良 撰

추상존호옥책문 (追上尊號玉册文)

〈 숙묘(肅廟)9 (1683)년 계해(癸亥) 〉

유세차(維歲次 ; 이 해의 차례는) 계해(癸亥)년 6월(壬申) 12일(癸未)에 효증손(孝曾孫)인 왕과 신하들은 삼가 근엄(謹嚴)하게 재배(再拜)를 드리옵니다.

큰 기틀을 바로 잡아 놓고 하늘과 더불어 엄숙한 제사를 올립니다.

시호(諡號)를 높이 나타내 해와 달같이 떳떳하게 쓰이며 보장(寶章)을 드리오며 정성(精誠)과 공경(恭敬)을 다했지만, 어찌 이루 찬미(讚美)하는 말을 또 다시 올리지 않을 수가 있겠습니까?

공손히 생각하건대 〈태조강헌지인계운성문신무대왕(太祖康獻至仁啓運聖文神武大王)〉께서는 빼어난 자태(姿態)와 성품(性稟)이 성인(聖人)과 같이 너그럽고 운세(運勢)는 천년(千年)에 이를 것입니다. 고려(高麗) 말기(末期) 사회의 어지럽고 황폐(荒廢)함을 없애 버리는 큰 공적(功績)을 하늘의 보살핌에 응(膺)하여 나섬으로써 성공(成功)을 이룩하게 되었습니다.

이로부터 뜻을 세움이 매우 굉장(宏壯)하여 손색없이 가르치고 도와줌에도 모자람이 없었습니다. 당시 절혜(節惠)의 법전(法典)을 펴냄으로 후세 사람들에게 찬미(讚美)하는 정성을 극진히 했습니다.

생각하건대, 압록강(鴨綠江)에서 치켜 든 의로운 깃발은 진실로 인경(麟經 ; 經書)에 훌륭한 말씀에도 부합(符合)되었습니다. 우리나라 백성들을 구원(救援)해서 오랑캐(戎)가 되는 것을 면하게 하였고, 북쪽의 명나라를 섬겨 영원히 편안하게 하셨습니다.

풍습(風習)과 명성(名聲)이 세상에 알려졌고, 예절(禮)과 배움(教)은 나라안에 차고 넘쳤습니다. 그러나 이러한 대업(大業)을 높힌 이름에 비하여 아직 오르지 못한 것 같아 백성들이 추시(追諡)할 것을 손모아 기원(祈願)하였습니다.

곧은 마음으로 왕위에 오르시어 천하(天下)를 다스림에 윤리(倫理)와 도덕(道德)을 돈독

(敦篤)히 하시고, 사리(事理)에 맞게 사물(事物)들을 옳게 처리 · 통제함으로써 환란(患亂)을 평정(平定)하였습니다.

팔표(八表 ; 세상)에 왕화(王化)가 미쳤을 때 빛나는 해와 달처럼 온 세상을 비치는 빛과 같았습니다. 거대(巨大)한 하늘과 땅처럼 많은 백성들을 품어 기르셨습니다.

오직 네글자「함육군생(涵育群生)」으로 높이 올린다면 백세를 찬양함에 합당합니다.

후세(後世)에 존호를 추증하는 예는 가까이로는 명나라의 훌륭한 사적(史籍)에서 찾아 볼 수 있는 일인데, 많이 올리는 것으로 좋게 여기는 것은 위로 여러 임금(列聖)들의 효성스런 마음을 위로(慰勞)하는 것으로 될 것입니다.

이에 오늘같이 좋은 날을 받아서 제사(祭祀)하는 예를 베풀고 삼가 신(臣) 의정부(議政府) 영의정(領議政) 김수항(金壽恒)을 보내어 옥책(玉册)을 받들게 하고 존호를〈正義光德〉이라고 올립니다.

바라건내 어어삐 여겨 살펴 주시고, 곱이 밝은 복을 내려 주시고, 크고 아름다운 칭호를 받으심이 거듭되고 거듭된들 무엇이 싫으시겠습니까?

큰 복(福)을 소리없이 찬양(讚揚)함에 새롭고 또 새로워 끝이 없습니다.

오호애재(嗚呼哀哉)라!

삼가 올립니다. (以上諸文字謄出於 列聖誌狀)

대제학 신 남구만 찬
大提學 臣 南九萬 撰

능침 (陵寢)

이 건원릉(健元陵)은 영락(永樂) 무자(戊子 ; 1408)년 9월 9일 갑인(甲寅)에 영조(營造)했으니 올해(辛未)로 344년이 된다.

내룡(來龍)은 수락산(水落山)이 왼쪽으로 떨어져 남쪽으로 내려와 불암산(佛巖山)이 되고, 불암산은 다시 왼쪽으로 떨어져 내려와 태능(泰陵 ; 第12代 中宗2繼妃 文定王后)과 강릉(康陵 ; 第13代 明宗, 妃 仁順王后)에 이른다.

강릉(康陵)으로부터 청룡(靑龍)이 남쪽으로 돌아 사현(沙峴)이 되었고, 여기서부터 험한 골짜기를 지나면서 우뚝 솟은 것이 검암산(儉巖山)이다.

다시 검암산이 왼쪽으로 떨어지면서 능 후면(後面)의 머리가 시작되는 곳이 검암의 주산(主山)에 해당(該當)되니 능으로부터 서북(西北)쪽으로 3리쯤 되는 곳에 위치(位置)하고 있다. (來龍又詳見碑陰記).

좌향은 계좌정향(癸坐丁向)이며, 득수(得水)는 왼쪽으로 손방(巽方 ; 東南)에 물이 있고, 오른쪽으로 곤신방(坤申方 ; 南西)에도 물이 흐른다.

안산(案山 ; 능의 맞은편 산)은 양주(楊州)의 아차산(峨嵯山)인데 외안산(外案山)이 되며 남쪽으로 10여리에 있고, 강무장(講武場) 남쪽 기슭이 내안산(內案山)이 되니 능에서 2리가 된다.

능의 경계(境界)는 동쪽으로는 120보 밖에 목릉(穆陵 ; 第14代 宣祖, 妃 懿仁王后, 繼妃 仁穆王后)의 경계에 이르고, 서쪽으로는 230보 밖에 휘릉(徽陵 ; 第16代 仁祖 繼妃 莊列王后)의 경계에 이르고, 남쪽으로는 230보 밖에 현릉(顯陵 ; 第5代 文宗, 妃 顯德王后)의 경계에 이른다. 북쪽은 600여보 밖의 외산(外山)과 맞닿는다. 주위(周圍)는 모두 4리 가량이 된다.

〈전해 오는 말에 의하면, 태조께서 새로 나라를 세우시고 한양에 도읍을 정하신 후 상지승(相地僧 ; 능 자리를 보는 일을 맡은 僧)을 거느리고 이곳 산 아래에 수장(壽藏;죽기 전에

미리 묘를 만듬) 자리를 정하시고 다음날 대궐(大闕)로 향하실 때 "내 이제 근심을 잊었다"고 한데서 동구(洞口) 밖의 고개 이름을 망우(忘憂)라 하고, 여울의 이름을 왕숙(王宿)이라 하였다고 한다.〉

능상사초 (陵上莎草)

예전에는 봉분(封墳)이라고 불렀던 함흥(咸興)에 있는 능(陵)에서 태조(太祖)의 유명(遺命)에 따라 이 사초(莎草 ; 잔디)를 옮겨 왔다고도 한다(諺傳太祖遺命云).

매년 한식(寒食)에 경엽(莖葉 ; 줄기와 잎)을 베는데, 여름에는 새 풀이 자라나서 가을에 결실(結實)을 맺으며, 서리가 내리면 잎이 떨어져 마른 줄기와 뿌리만 남았다. 이것이 큰 것은 동아줄 만큼 자라고 작은 것은 가느다란 실과도 같아 서로 이리 저리 단단하게 얽혀 지금까지 이르도록 근 300여년 동안 개토(改土)나 뗏장을 입히는 작업(作業)을 안했다.

숙묘(肅廟) 계유(癸酉 ; 1693)년에 참봉 김도원(金道遠)과 이수만(李綏晩)은 예전에 있던 떼(함흥잔디)는 별로 없고 잡초(雜草)만 무성(茂盛)한 사실(事實)을 예조(禮朝)에 보고(報告)하였다.

같은 해 2월에 이를 왕이 듣고 친히 거동(擧動)하시어 봉심(奉審 ; 왕명을 받들어 능을 보살핌)하시고, 북도(北道)의 사초(莎草)와 같은 것을 찾도록 명령하였으나 같은 것이 하나도 없어서, 능관(陵官)으로 하여금 계단(階段)이나 돌틈에서 자란 잔디(北道의 잔디)를 떠다가 비올 때에 옮겨 심었다. 그 이후(以後)에는 결실할 때마다 씨를 모아 따로 계단석 밖에 파종(播種)하여 영구적으로 마련하였다.(金道遠李綏晩論賞昇敍)

이제는 능위의 잔디가 이미 싹이 자라서 오밀조밀하고, 봉분(封墳)에는 이전부터 눈을 쓸어내도록 한 법규(法規)가 없었다.

금상(今上 ; 肅宗)13 (丁卯 ; 1687) 12월 4일 예방승지(禮房承旨) 김상적(金尙迪)이 왕명(王命)을 받아 능을 보살필 때 위의 내용(內容)으로 장계(狀啓)올리기를 『신(臣)이 명을 받들어 건원릉(健元陵)을 봉심해 보니 능 위의 설상석(雪裳石) 이외의 계단은 모두 눈을 쓸었으나 능관(陵官)은 이것을 "함흥사초(咸興莎草)는 줄기와 잎이 다른 잔디에 비하여 매우 길어 능 위의 눈을 치울 때 밟혀 상(傷)하기 쉬우므로 이전부터 눈을 쓸지 않고 스스로 녹기를 기다린다"고 하였습니다.

신이 봉심할 때 본즉 날씨가 따뜻하여 눈이 많이 녹아 있었습니다.』 하였다.

정자각 (丁字閣)

영락(永樂) 무자(戊子 ; 1408)년 9월에 지어 지금까지 340여년간 계체석(階砌石)을 보수(補修)하기도 하고 혹은 단청(丹靑)을 새로 칠하기도 하였으나, 예전의 건축규제(建築規制)에는 원래(原來) 큰 보수공사를 하는 법은 없었다.

선조(宣祖) 임진(壬辰 ; 1592)년 3월 망제(望祭 : 매달 보름에 지내는 제사)때 제관(祭官)들이 정렬(整列)해 있는 가운데 홀연히 능 위에서 흑흑 느껴우는 소리와 탄식(歎息)하는 소리가 들려왔다. 처음에는 그것이 무슨 소리인지 알지 못하다가 반열(班列) 중 한 사람이 "이것이 무슨 소리인가"하자 반열 중 모든 이들이 일제히 "우리도 또한 이 소리를 들었지만 감히 말하지 못했다"고 하였다. 이어 소리의 출처(出處)를 찾으니 능으로부터 나는 소리였다.

아래에 있던 상・하 제관들은 송구(悚懼)해 하지 않는 사람이 없었다. 제사를 마친 후에도 하루에 한 번 또는 수일(數日)에 한 번씩 한달동안 끊임없이 이 소리가 들렸으나 재관(齋官)들과 수호군(守護軍)들은 이를 모르고 일상(日常)의 일들을 하였다. 5월에 이르러 왜구(倭寇)들이 섭나무를 쌓아놓고 불을 질러 정자각(丁字閣)을 태우고자 하였으나 섭나무에 붙은 불이 저절로 꺼졌다. 이를 본 여러 명의 왜적(倭賊)들은 귀신(鬼神)이 있다고 모두 두려워하여 가버렸다고 한다. (白沙雜記에 記錄)

임진년(壬辰年) 왜적들이 도끼로 신문(神門)을 찍은 흔적(痕迹)이 아직도 남아 있다.

숙종(肅宗)21 을해(乙亥 ; 1695)년 5월 신문(神門) 밖의 동서(東西) 계체석(階砌石) 중 오래된 것을 수리(修理)하였다.

경종(景宗)1 신축(辛丑 ; 1721)년에 동편(東便) 어로(御路)의 층계석(層階石)과 서편(西便)

계체석 3개가 주저앉아 한식(寒食)때 겸하여 수리하였다.

영종(英宗)40 갑신(甲申 ; 1764)년 서남쪽 모퉁이 기둥 1개를 중수(重修)하였다.

(事蹟有其時　陵官李東賓所撰重修記)

비각 (碑閣)

비석(碑石)의 높이(高)는 주척(周尺)으로 11자(尺) 3치(寸)이요, 폭(幅)은 3자(尺) 5치(寸)이며, 두께(厚)는 8치(寸)이다.

임진년 난리(亂離)때 불에 타 그을렸으며 지금까지도 타서 갈라진 흔적이 남아 있다.

숙종(肅宗)17 신미(辛未 ; 1691)년에 중건(重建)하였다.

영종(英宗)40 갑신(甲申 ; 1764)년에는 정자각과 함께 한꺼번에 중수하였다.

전사청 (典祀廳)

숙종(肅宗)26 경진(庚辰 ; 1700)년에 중건하였다.

향대청 (香大廳)

현릉(顯陵)과 함께 사용(使用)하였고, 동서(東西)에 각각 헌관방(獻官房)이 있었는데 동쪽은 건원릉(健元陵)에 속(屬)하였고, 서쪽은 현릉(顯陵)에 속하였다.

재실 (齋室)

예전에는 현릉의 정자각(丁字閣) 자리에 있었다가, 현릉을 조성(造成)하면서 지금의 자리로 옮겼다고 한다.

동구밖에 예전에 만든 연못이 있다. 〈길이(長) 70척(尺), 넓이(幅) 52척(尺)〉

숙종(肅宗)13 정묘(丁卯 ; 1687)년 2월 25일 판부사(判府事) 민정중(閔鼎重)이 장계(狀啓)올리기를 『건원릉 동구 밖에 오래 전에 만든 연못이 있고 가운데에 작은 섬이 있어 이곳에 몇 그루의 소나무를 심었는데 오래도록 수치(修治)하지 않은 까닭에 구릉(丘陵)이 점점 주저앉아 평평해짐에 따라 부근(附近)의 다른 곳에 옮겨 심은 것은 참으로 해괴(駭怪)한 일입니다.

이번 신(臣)이 봉심할 때 능관(陵官)이 또한 찾아와서 불가불 수치(修治)하지 않을 수 없다는 뜻을 말한바 있습니다. 신의 생각은 이를 한 번 수치하는 것으로 끝내고 다시 해마다 계속하지 않는다면 또 다시 구릉이 평평하게 주저앉을 수밖에 없을 것이니, 네 곳의 능참봉(陵參奉)들에게 능의 군졸(軍卒)들을 모아 해마다 이 일(修治)을 하게 하였다.

또한 경기감사(京畿監司)로 하여금 매년 봉심할 때마다 제기(祭器)와 재사(齋舍)를 아울러 거론(擧論)케 한다면 해마다 수치하는 효력(效力)이 있을 듯 합니다.』하니 왕께서는 『옛 연못이 이렇게 되도록 보고(報告)하지 않은 것은 능관(陵官)의 큰 잘못이다.

따라서 관직(官職)을 추고(追考)토록 하고 이후로는 경기감사가 봉심할 때 이 연못을 수리할 필요(必要)가 있는지 여부를 함께 거론케 하라』하였다.

금상(今上 ; 正祖)1 정유(丁酉 ; 1777)년 4월 3일 영의정(領議政) 김상철(金尙喆)이 장계올리기를 『신(臣)이 원릉(元陵 ; 第21代 英祖 · 貞純王后)에 봉심함에 있어 건원릉지(健元陵誌)를 살펴보니, 숙종(肅宗) 정묘(1687)년에 이미 고인(故人)이 된 상신(相臣) 민정중(閔鼎重)이 봉심한 후 돌아와 아뢰기를 "건원릉 동구에 옛 연못이 있는데 오래도록 수치하지 않고 있습니다.

각 능의 군졸들로 매년(每年) 돌보게 하며 경기감사(京畿監司)가 봉심할 때마다 이를 한꺼번에 거론하게 함이 좋을 듯 합니다"하였다.

그때 왕께서 비답(批答)을 내리시기를 "감사가 봉심할 때 이 연못을 함께 수치할 것인지의

여부(與否)를 같이 거론하라"는 교지(敎旨)의 사본(寫本)이 보존(保存)되어 있었습니다.

이 연못은 당초 우연히 개착(開鑿)했던 것이 아니라, 옛날에 성교(聖教)에 따라 만들어진 것이며, 또한 이와 같은 지엄(至嚴)한 분부(分付)가 있었음에도 중간(中間)에 이를 폐기(廢棄)한 것은 실로 개탄(慨歎)스러운 일입니다.

신이 여러 신하들과 양주목사(楊州牧使)와 더불어 명을 받자와 수치의 방법(方法)을 살펴보매 각 능의 군졸이 협력(協力)하여 연못을 파 넓히면 불과 하루나 이틀에 마칠 수 있는 일입니다. 차후로는 매년 수치하는 전말(顚末)을 경기감사의 봉심장(奉審狀)에 기록케 하여 함께 거론토록 함이 좋을 듯 합니다.』 하였다.

정묘(丁卯 ; 1807)년에 왕께서 하교(下教)하시기를 『이 내용대로 거행(擧行)함이 좋겠다.

다만 농사철에는 백성들을 이 일로 노역(勞役)시키지 말라』 하였다.

어영대장(御營大將)에게 명하여 다시 군졸들을 모집(募集)하여 가서 일을 하게 하고 필요한 기계(機械)는 준천사(準川司)의 물건을 취하여 얻어 쓰도록 하였다. 무릇 천여명의 장정(壯丁)이 6일간 일을 하여 더욱 깊게 파서 주변(周邊)이 전에 비하여 조금 더 넓어졌다.

연못 안의 섬과 사방에 각종 화훼(花卉)를 심었다.

이듬해 3월 13일 왕께서 친히 원릉(元陵 ; 第21代 英祖 · 繼妃 貞純王后)에 친향(親享)하시면서 또한 건원릉에 들렀다가 환어(還御)하실 때 이 곳 연못에 멈추시어 살펴 보셨다. 〈정자각 설명의 일부분과 비각의 설명 아래 일부분, 그리고 이 부분은 무술(戊戌 ; 1838)년에 추가로 작성됨(丁字閣下一條 碑閣下一條及此條戊戌追書)〉

향탄산 (香炭山)

* 향탄산은 능묘에서 쓰는 향나무나 숯굽는 참나무를 기르기 위하여 능 부근에 정한 지역을 말함.

이곳(楊州) 천마산(天磨山) 동쪽에 있으니, 목릉(穆陵)의 향탄산 금표(禁標)로 부터 밖으로 여마천(汝馬川)과 가오곡(加五谷) 서쪽을 지나고, 남쪽으로는 마치(麻峙)의 대로(大路)를 지나 묵가곡(墨加谷)의 북쪽에 다다르고 현릉(顯陵) 향탄산의 금표에 이르는데 주위(周圍)는 25리 정도이며 본릉(健元陵)으로부터 30리 가량 떨어져 있다.(而近處居民定山直)

숙종(肅宗)19 계유(癸酉 ; 1693)년에 참봉 이수만이 예조낭관(禮曹郎官) 조복경(曹復卿)을 입회인(立會人)으로 하고 함께 둘러보고 다시 경계를 정하였다. 〈세탄은 매년 9월에 바치도록 하였는데 10월 초부터는 분향용 신탄이 나왔다(稅炭每於九月捧上自十月朔焚香用新炭)〉

위전 (位田)

〈토지대장(土地臺帳)의 자호(字號)와 목차(目次) 및 복재처(伏在處)등에 관해서는 이미 이곳 관아(官衙)에 전안(田案)이 있고, 또한 재중(齋中)에 관인(官印)을 찍어 책으로 만든 것이 있었으므로 등본(謄本)을 만들지 않았음. (字號第次及伏在處則本州旣有田案齋中又有踏印成册故不爲謄書)〉

결수(結數)는 87결(結 ; 조세를 계산하기 위한 토지면적 단위, 곧 100짐) 1복(卜 ; 1복은 1짐)으로 〈등본으로 만든 것이 2책이 있는데 신구(新舊) 등본이 각 1책으로 이 책은 구본에서 나눈 것이다(謄書成册二件內量案謄書新舊各一件舊分衿册一件)〉 내답(內沓)은 64두락으로서 이 중 '5일 갈이(五日耕)' 정도가 숭릉(崇陵 ; 第18代 顯宗·明星王后)의 화소(火巢 ; 산불을 막기 위하여 능원의 해자 밖에 있는 초목을 불살라 버리는 곳)안에 포함(包含)되어 있어 다른 민전(民田)들과 함께 모두 경작(耕作)을 못하도록 폐하면서 조정에서 보상(補償)을 해 줬다.

경종(景宗)2 임인(壬寅 ; 1722)년에 대신들이 경연(經筵)시에 임금에게 상주(上奏)하여 민전(民田)에 돈을 주고 농사(農事)를 못하게 한 자에게는 숭릉(崇陵)의 땅을 경작할 수 있도록 하였는데, 숭릉의 능졸(陵卒)들이 건원릉의 위전을 그 안에다 잘못해서 섞어 넣었는데도 건원릉측에서는 재차 이러한 실정(實情)을 상급 관아(上級官衙)에 보고하였다. 조정에서는 돈을 주어 보상하는 위전(位田)의 수를 계산(計算)함에 있어 당초 예조(禮曹)에서의 문서 내용대로 허가(許可)하여 주었음에도 불구하고, 뒤에 다시 숭릉참봉의 보고서에 따라서 다시 숭릉의 토지를 경작하게 허락하였고, 숭릉의 능졸들이 계묘(癸卯 ; 1723)년 봄 분경(分耕)할 때 몇 두락은 계산하지를 않았기 때문에 조정에서 경작을 허가할 때에는 10석 정도가 계산에서 누락된 일이 있었다.

1결 18복의 속수(束數)와 김귀인방(金貴人房)에 속한 묘진(墓陳 ; 능원에 딸린 전답으로 조세가 면제되는 토지)과, 원래 있던 80결(結) 이외의 96복 2속에 대해서는 능졸이 세납미(稅納米)로 5말(斗) 7되(升) 7홉(合) 2작(夕)을 내도록 하였다. 〈당초에는 원래의 80결수외에 7결1복이 더 있었으나 숭릉의 화소내에도 일부가 들어가고 김귀인방의 묘진에도 들어가 있는데다, 해가 지나면서 이 땅들이 개천(開川)으로 되기도 하고 혹은 개천에 쓸려 나가기도 하고, 또는 황폐(荒廢)하여 지기도 하면서 점차 토지의 면적(面積)이 줄어 지금은 90여복만이 남았다. 원래의 결수 또한 매년 훼손(毁損)되어 현재는 불과 실제로는 80결도 채 안된다(當初元結八十有七結一卜之數而旣入於 崇陵火巢內又入於貴人房墓陳且年年或成川或浦落或陳廢漸至來毛縮不但餘結尺爲九十餘卜元結亦因每年訃傷旣今實數不滿八十結之數云)〉

복호 (復戶)

※복호(復戶)란 특정(特定)한 대상(對象)에게 조세(租稅) 또는 기타 국가부담(國家負擔)의 세금(稅金)을 감해 줌을 말함.

건원릉의 위전을 경작하는 집마다 90복 분량의 소출(所出)을 갖도록 하고, 건초(乾草)값으로 2말(斗) 7되(升)씩 환납(還納)하게 하니 해당 관청(官廳)에서는 이것을 '복호외의 조세' 라 하였다.

숙묘(肅廟)18 임신(壬申 ; 1692)년 이곳 구릉(九陵)일대에 사는 백성들의 조세대상 토지에 대해서는 특별히 원래의 세금을 면제(免除)해 주었다. 또한 고을에 있는 관아에서도 결역(結役)을 폐지(廢止)하고 호역(戶役)으로 했던 까닭에 전결(田結)이 있는 사람은 복호가 되는 것을 원하지 않았다. 따라서 조세를 내는 사람이 점차 줄어들어 전(前)에 비해서 10분의 3~4에 불과했다. 그래서 참봉이 이를 3년에 걸쳐 왕에게 보고하고 또 건의하였으나 받아들여지지 않았다.

을해(乙亥 ; 1695)년 봄 구릉(九陵)의 관원이 연명(連名)으로 자세한 내용을 기록하여 예조판서(禮曹判書) 박태상(朴泰尙)에게 건의함으로써 해당 관청으로 하여금 봄·가을 건초의 값을 전부 감해 주도록 했다.

그해 가을에 위전이 없는 능졸에게는 선혜청(宣惠廳)에서 12말(斗)씩의 쌀을 지급하였다. 〈위전이 없는 능졸에게 매 호마다 150복을 갖도록 한 것을 '조세없는 복호' 라 불렀음(無位田 陵卒每戶各食一百五十卜謂之無稅復戶)〉

수호군(守護軍)에게는 모든 잡역(雜役)을 면제(免除)시키라는 왕으로부터 수교(受敎)와 승전(承傳)이 있었다.

현묘(顯廟)5 갑진(甲辰 ; 1664)년 왕의 교지(敎旨)에 『조정의 명령이 비록 미세(微細)한 곳에까지 이르고 각 읍의 관리들은 영(令)을 어기지 않고 체득하고 있지만, 요즘 나라의 기강(紀綱)이 해이(解弛)해져서 백성들이 법을 두려워하지 않으며 대소사(大小事)에 명령을 어기는 자가 많으니 참으로 한심한 일이다.

원릉(園陵)을 수호하는 일은 매우 중요한 일임에도 봉행(奉行)하는 일을 전념(專念)하지 않고 침학(侵虐)하는 것이 예전보다 더하니 매우 해괴(駭怪)하고 통탄(痛歎)할 일이다.

이후로 각 읍(邑)과 능관에게 명하여 이런 사례(事例)를 즉시 보고하게 하라.

만약 능관이 보고하지 않고 이런 잘못을 범한 사실을 발견 시에는 해당되는 능관을 비롯한 관리들을 모두 치죄(治罪)하도록 하라.』

숙묘(肅廟)12 병인(丙寅 ; 1686)년 왕이 숭릉(崇陵 ; 第18代 顯宗·明聖王后)으로 행차(行次)할 때에 호보(戶保) 등이 건의하는 바를 예조에서 복계(覆啓)하면서 책임을 물어야 할 면임(面任 ; 고을에서 공공사무를 맡은 관리)들을 거명(擧名)하며 엄하게 다스리고 징계(懲戒)할 것을 보고하는 한편, 각 능의 수호군과 함께 사는 아들(子)·사위(婿)·동생(弟)·조카(姪) 중에 2사람은 다른 역(役)에 배정(配定)하지 말고 보인(保人 ; 법에 따라 正軍으로 番上한 집의 남은 家族을 財政的으로 도와 주던 餘丁)이 되게 하고, 장정이 없을 경우에는 건원릉의 다른 능군들 중에서 여정(餘丁 ; 正丁으로 出役한 집에다가 출역하지 않은 집에서 1~2사람을 주어 집안 일을 도와 주게 함)을 뽑아 주어 충급(充給)하게 하였다. (出受敎後續錄兵曹給保條)

숙종(肅宗)17 신미(辛未 ; 1691)년 2월 예조참판(禮曹參判) 김진규(金鎭圭)가 왕에게 아뢰기를 『각 능의 수호군(守護軍)들의 자식(子息)은 대대로 그 역을 계승하게 하고 다른 역은 맡기지 말도록 하라는 왕의 명령이 일찍이 있었으나, 오랜 세월이 지나 오면서 각 읍에서는 봉행(奉行)하지 않음으로 무인(戊寅 ; 1638)년에 이르러 이미 작고(作故)한 상신(相臣) 신완(申玩)이 예조판서(禮曹判書)로 있을 때 이를 왕에게 아뢰고 신칙(申飭)하였던 일이 있었습니다.

지금 각 능에서 보고한 것을 보면 수호군의 자식으로서 다른 역에 충원(充員)된 자가 많은데, 이것은 각 읍에서 양민(良民)출신의 장정(壯丁)을 구하기가 어렵기 때문에 조정의 명령에도 불구하고 매번 다른 역(役)으로 돌리는 것이므로 반드시 따로 신칙한 후에야 비로서 능졸을 보존(保存)할 수가 있을 것입니다.

이미 다른 역에 충당(充當)했던 사람을 모두 원래의 있던 역으로 환원(還元)한다면 수호군의 역할이 제대로 갖춰질 것입니다. 따라서 이를 판윤(判尹) 민진후(閔鎭厚)에게 감히 아뢰니 "이 일은 혹 수호군의 자식이 아니면서도 거짓말을 할 수도 있고, 또 자식들이 많으나 모두 어리거나 연약(軟弱)하여 역을 감당할 수 없다고 하고 있음을 각 읍에서는 걱정을 하고 있다."고 하니 일단은 군역(軍役)에 충당하고 후에 수호군 자제 여부를 명확하게 조사하고 조치(措置)하는 것이 좋을 듯 합니다.』 하였다.

왕께서는 『수호군의 자식이 아니면서 거짓으로 꾸며 댈 수 있다는 판윤의 말이 타당하니 그대로 시행(施行)하라.』 고 하였다. 김진규가 다시 아뢰기를 『본주(本州)의 관원은 정확하게 조사할 수 없을 것 같으니 감영(監營)으로 하여금 조사하게 하소서.』 하니 왕은『그리하라.』고 명하였다.

금상(今上) 신미(辛未 ; 1691)년 경기감사(京畿監司)가 비국(備局 ; 備邊事)에 올린 장계에 대해서 회신(回信)한 내용은 다음과 같다.

『각 능의 능군(陵軍) 중에서 양민출신(良民出身)의 장정으로 명단에 있는 자를 일일이 조사하여 본관의 능군과 호보(戶保)로 준 것은 사목(事目 ; 公私에 관한 官廳의 規則)에 정한 것에 따라 한 것이며, 능군의 자제는 그 자리에 채워 넣는다는 사목의 원래 뜻과도 부합(附合)되는 일입니다.

처음에 한정(閑丁 ; 國役에 나가지 아니하는 壯丁)을 능군에 배치할 때에는 각 능의 수호군과 호보중에 집을 나가 도망(逃亡)한 자, 혹은 사고(事故)를 일으킨 자, 혹은 원래 자손(子孫)이 없던 자도 있었습니다.

그래서 부득이 한정으로 능군을 충원할 수밖에 없었습니다. 지금에 와서 이 사람들을 만약 일시에 다른 역으로 돌린다면 무슨 방법으로 충원하겠습니까?

그리고 작년(昨年)과 금년(今年)의 전염병(傳染病)이 퍼진 이후 각 능의 군졸 집안이 소멸(消滅) 또는 군역(軍役)에 충당할 장정이 없어진 집이 많은데 지금 또 다시 다른 역으로 배치

(配置)하지 못하도록 한다면 능을 수호하는 막중(莫重)한 일을 할 수 없게 됩니다.

예조(禮曹)에서는 급할 때 임시 변통(變通)한다고 하나 능묘(陵墓)의 수호군이나 호보에 결원이 생겨 충원이 어려워지자, 또 이들 양민의 장정들을 배치하는 원칙(原則)을 바꾸려고 하므로 각 능의 묘관(墓官)들이 일일이 능을 수호하는 일의 어려움을 말하고 있으니 지금의 형세(形勢)가 그러합니다. 이미 능군이나 호보를 정했으면 조사해 보고 되돌려 보내서는 안되고, 지금부터라도 능군이 비었을 때는 능군의 자식으로 충원하게 하고 양민의 장정으로 충원하지 못하도록 엄하게 신칙하시면 좋을 듯 합니다. 분부하여 주시기 바랍니다.』 왕께서는 그렇게 하도록 하고 다음과 같이 명을 내렸다.

◈ 각 능을 수리할 때 감역관(監役官)·참봉(參奉)·서원(書員)의 이름과 수리처치부(修理處置簿)를 4년 이내에 훼손시킨 자는 이미 관직을 옮겼거나 파직(罷職)을 했더라도 색리(色吏)·양인(良人)이면 하인(下人)이나 종(從)으로 강등(降等)시키고, 천인(賤人)이면 대명률(大明律)에 따라 참(斬)한다. 〈嘉靖 戊子年 承傳〉

◈ 각 능의 수개(修改)에 필요한 물품은 각 사(司)에 분부하여 능에 모아 놓도록 하되 20일 이내에 하고, 그 중에 쉽게 구할 수 있는 것은 10일 이내로 한다. 〈顯宗 戊申年 承傳〉

◈ 각 능상(陵上)의 쑥(艾)이나 잡초(雜草)는 각 능의 참봉이 매월 초하루와 보름마다 뽑는 것으로 규정(規定)한다. 〈顯宗 戊申年 承傳〉

◈ 각 능의 화소(火巢 ; 산불을 막기 위하여 능원의 해자 밖에 있는 초목을 불살라 버리는 곳)는 반드시 해자(垓字) 밖으로 한하며, 백성들이 장례(葬禮)를 치르는 곳은 화소안으로 침범하는 것을 일체 금한다. 〈孝宗 戊戌年 承傳〉 몇 발자국 떨어져 있는 무덤들은 해자 밖으로 파서 옮긴다.

◈ 각 능상을 사초(莎草)할 때 훼손된 곳이 있거나 석물(石物)을 봉심(奉審)할 때에는 정부(政府)와 예조(禮曹)에서 당상낭청(堂上郎廳)·관상감(觀象監)·선공감(繕工監)의 제조(提調)·감역관(監役官)·상지관(相地官)·화원(畵員) 등이 능원(陵園)을 같이 간다.

◈ 각 능상의 계체석(階砌石)과 곡장(曲墻)이 무너진 곳, 정자각(丁字閣)이 퇴락(頹落)한 곳, 화소 안이 실화(失火)로 불이 난 곳이 있을 때에는 예조의 당상낭청이 간다.

◈ 각 능의 석물(石物)을 수개(修改)할 때에는 예조의 당상낭청이 직접 가고, 감동관(監董官)·선공감·감역관도 역시 같이 간다.

◈ 각 능전(陵殿)의 참봉이나 가관(假官 ; 정원 외에 임시로 임명한 관리)은 부록충의(付祿忠義 ; 봉록을 받는 충의)로서 임명하고, 제릉(齊陵)·후릉(厚陵)·영릉(英陵)·영릉(寧陵)은 본관(本官)에 있는 충의를 각각 파견(派遣)한다.

숙묘(肅廟)9 계해(癸亥 ; 1683)년 9월 13일 왕이 대신들과 비국당상(備局堂上)들을 인견(引見)할 때, 좌의정 민정중(閔鼎重)·좌참찬 이숙(李䎘)·호조판서 정재숭(鄭載嵩)등이 올린 장계에 임금이 답하기를『각 능과 종묘(宗廟)와 영녕전(永寧殿)은 일의 이치(理致)로 보아 봄·가을에 봉심하는 것 이외에 만약 많이 상(傷)하거나 훼손(毁損)된 것이 없으면 일일이 보고할 것 없고, 내부(內部)에서 잘못을 발견하더라도 역시 탈을 잡지 말라.』고 전교를 내렸다.

숙묘(肅廟)36 경인(庚寅 ; 1710)년 11월 26일 약방(內醫院)에서 들어와 왕을 진맥(診脈)할 때 말씀하시기를『예조의 낭관을 수시로 각 능에 보내서 잘못된 것을 적발(摘發)하여 왔었는데, 이후로 경(卿)이 예조에 재직 시까지는 이 일을 계속하여 오다가 그 직(職)이 변경(變更)된 후로는 하지 않고 있으니, 짐(朕)이 그 일을 중지하도록 지시를 내린 적이 있는가?』하고 물었다.

이에 제조 민진후(閔鎭厚)가 아뢰기를『이는 구법(舊法)이며 중도에 폐지되었던 것을 신이 진달(陳達)하여 복구시킨 바가 있습니다. 신이 그 직을 사임(辭任)한 후 그 일이 계속 진행하지 않고 있음은 전하께서 달리 지시하여 그렇게 된 것이 아닙니다.』하고 아뢰니 왕은『능침(陵寢)에 관련된 일은 항상 그때 그때 엄하게 신칙하여 수시로 위법(違法) 사실을 적발하여 보고하도록 하라.』고 하였다. 〈擧行條에 根據〉

금상(今上) 무오(戊午)년 3월 10일 대신들과 비국당상들이 입시(入侍)했을 때, 좌부승지(左副承旨) 김유(金濰)가 올린 장계에 왕은『헌관(獻官)이 남여(藍輿)를 타는 것은 매우 해괴(駭怪)한 일이다. 짐이 전알(展謁 ; 능을 참배)할 때에도 반드시 홍살문(紅箭門)밖에다 장막(帳幕)을 치고 예를 드리는데, 헌관이 교자(轎子)를 타면 제관(祭官)들이 어떻게 감찰(監察)할 수 있겠으며, 또 내 어찌 금하게 하지 않을 수 있겠는가?

아울러 해당 관청으로 하여금 엄히 살피게 하여 이후로 남여를 타는 헌관이 감찰에게 적발

되거나, 또 만약 감찰할 때 드러나지 않았던 것이 발견되었을 때에는 마땅히 엄하게 다스려야 할 것이며, 또 각별히 신칙하여 분부하게 하라.』고 하였다.

금상(今上) 을축(乙丑)년 6월 초8일 밀창군(密昌君 ; 樴)이 명릉(明陵 ; 第19代 肅宗 · 1繼妃 仁顯王后, 2繼妃 仁元王后) 참봉 이정황(李廷煌)과 같이 입시(入侍)하여 밀창군(密昌君)이 장계올리기를 『매 향사(享祀)때마다 전사관(典祀官)으로 하여금 제사 음식을 감독(監督)하도록 하고 있으나 숙수(熟手)가 불과 2사람 뿐이기 때문에 능졸들에게 명령을 해도 능관들의 말과 같지 않아 어려움이 많습니다. 이후로는 능관 1명을 입회인으로 하여 전사관과 같이 제물(祭物)을 숙설(熟設)하는 것을 살피게 한다면 차질(差跌)이 없을 것입니다. 그리고 이번에 맡았던 대축(大祝 ; 神位의 오른편에 나아가 축문을 읽는 임시 관원) 이창수(李昌壽)도 역시 제물을 정성껏 하고 또 말한바 있어 이에 감히 앙달(仰達)합니다.』 하니 왕께서는 『말하는 것이 모두 옳으니 그대로 하라.』는 전교(傳敎)를 내리고, 같은 날 인견(引見)하여 『차후 각 능에서는 헌관들이 잘못이 있을 때에는 능관은 즉시 예조에다 보고하고 장계를 올려 조치하게 함이 가하다.』는 전교를 내렸다.

금상(今上) 정묘(丁卯)년 10월 25일, 익릉(翼陵 ; 第19代 肅宗元妃 仁敬王后) 봉심승지(奉審承旨)가 임금을 뵈올 때, 예조판서 이주진(李周鎭)도 함께 들어와 뵈었다. 그때 이주진이 임금께 계(啓)를 올렸다.

『근래(近來) 모든 관리와 하속(下屬)들이 게을러져 제 직무에 성실(誠實)한 자가 매우 드뭅니다. 능침에 관한 일은 매우 중차대(重且大)함에도 불구하고 별검(別檢)이나 참봉(參奉)들은 보름동안의 입직(入直)을 꺼려 온갖 꾀를 써 가관(假官)이 임명(任命)되도록 하고 있습니다.

그리하여 능침을 지키는 일이나 벌목(伐木)을 금하는 일들이 매우 허술해지고 있습니다.

전에 관원 2명을 두도록 되어 있어 이들이 서로 바꿔가며 입직할 수 있으므로 가관(假官)을 두는 법은 폐지하는 게 마땅합니다. 관원 두 명은 모두 긴요한 사람들입니다.

그러므로 입직(入直)하기 어려운 경우가 생기면 앞으로 그럴 때마다 변통을 마련해야 하므로 이 일은 염두(念頭)에 두지 않을 수 없습니다. 이후부터는 부모의 병환이 생기거나 자신의 심한 병으로 인하여 입직하러 나오기 어려울 때만 3일간 가관(假官)을 쓰도록 해야겠습니다.

대개 전최(殿最)의 법에서는 '부지런함'과 '태만함'을 조사하여 그에 따른 고하(高下)를 기록합니다.

이제부터 능관(陵官)을 가관(假官)으로 대체(代替)할 때에는 여섯 달 이내만 하도록 책자(册子)에 등재(謄載)하고, 두 번 가관을 썼을 때는 그에 따라 포상(褒賞)하거나 벼슬을 폄하(貶下)시켜서 반드시 기록으로 남기고, 이를 경계하거나 문책(問責)할 자료(資料)로 남겨 놓는다면 분란(紛亂)이 있거나 도차(圖差)하는 폐단(弊端)은 없을 것이며, 또한 능침을 금호(禁護)는 방법에도 유익할 것입니다. 이를 규칙으로 정하여 앞으로 계속 준행(準行)토록 신칙(申飭)하는게 어떻겠습니까?』하고 아뢰니

임금께서 말씀하셨다.

『기신(忌辰) 제사에 가관(假官)을 보내는 일은 더욱 안될 일이다. 경(卿)이 위에 말한 것은 참으로 맞는 말인즉 그대로 시행하라』하였다.

금상(今上)신미(申未)년 8월 17일, 예법(禮法)에 관한 일들에 대하여 내리신 전교(傳敎)가운데,

『대개 비가 처음 샐 때는 미비(未備)하지만 오랜 시일이 지나면 결국에는 침만(浸滿)하게 된다.

이후로 모든 일이 처음에는 미미(微微)하지만 결국 이와 같을 것이므로, 능관(陵官)이 말한 대로 즉시 고치도록 하고, 외렴(外簾)이 비바람에 젖는 것을 지연(遲延)시키면 이 또한 존경(尊敬)하는 예를 잃는 것이 된다. 즉시 고치도록 분부를 하라』는 전교를 내린다.

금상(今上) 임신(壬申)년 8월 25일, 의릉(懿陵 ; 第20代 景宗·繼妃 宣懿王后)을 전알(展謁)할 때 임금께서 말씀하셨다.

『능에서 축문을 불사를 때 축문을 접첩(摺貼)속에 넣어 보이지 않는 곳에 묻으라. 크고 작은 모든 제향 때에는 이와 같이 하라』하였다. 끝

원문필사본

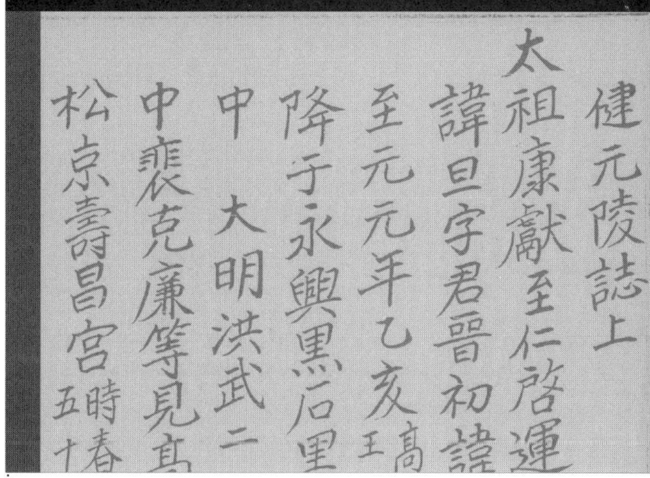
健元陵誌上
太祖康獻至仁啓運
諱旦字君晉初諱
至元元年乙亥高王
降于永興黑石里
中 大明洪武二
中襄克廉等見髙
松京壽昌宮時春五十

太祖高皇帝健元陵

【目　　次】

(原文筆寫本)

健元陵誌

東九陵

健元陵誌 上下

齋中舊有誌只有數葉小冊子名曰健齋記聞
略錄
陵寢事蹟而顧其條列頗踈且年久紙弊字畫間多
漫漶過此數年則將不免為烏有夫以四百年
園陵守護之所獨無一片紙掌故之文豈非慨然者
乎茲取五
陵誌折衷其凡例分目列書以備後來之觀至若公
式節目凡係職務所管者則不敢混書於
玉牒諸文字之中別錄於下編以寓尊敬之意云爾
崇禎紀元後三辛未西原韓後裕謹識

健元陵誌上

太祖康獻至仁啓運聖文神武正義光德大王

諱旦字君晋初諱成桂字仲潔號松軒

至元元年乙亥(高麗忠肅王後四年)十月十一日己未 誕

降于永興黑石里私第(桓祖潛邸)仕高麗官至門下侍

中 大明洪武二十五年壬申七月十六日左侍

中裵克廉等見高麗政亂倡義推戴遂登寶位于

松京壽昌宮(時春秋五十八)追尊 四王改國號曰朝鮮

甲戌入耆老所(時春秋六十)命文臣爵二品年七十者

同與耆老宴十一月建都漢陽建 宗廟戊寅九

月傳位于　恭靖大王永樂六年戊子太宗八年五月
二十四日壬申　昇遐于昌德宮之廣延樓下別
殿春秋七十四在位七年在上王位十年　皇朝賜謚
康獻溫良好樂曰康聰明睿智曰獻
有　睟容二本奉安于全州慶基殿永興濬源殿
有八男五女戊子九月九日　葬于楊州儉巖山
癸坐丁向之原　陵號健元
妃承仁順聖神懿王后韓氏籍安邊
密直副使　贈領門下府事安川府院君卿之女
至元三年丁丑　誕降洪武二十四年辛未九月

二十三日丁未 昇遐于潛邸春秋五十五 太祖卽位初謚節妃有六男二女 齊陵在豐德北栗村甲坐庚向

繼妃順元顯敬神德王后康氏籍谷山

判三司事 贈象山府院君允成之女

六月二十四日 誕降 太祖卽位 冊封

顯妃洪武二十九年丙子太祖五年八月十三日戊戌

昇遐于移御所判內侍府事李得芬家有二男一女 貞陵在楊州南沙河里庚坐甲向丁丑正月初葬漢城皇華坊北原 太宗九年己丑二月二十三日移葬于此

神道碑銘 并序 永樂七年四月 日立

天眷有德以開治運必先現異彰其符命夏有玄圭
之錫周有協卜之夢由漢以降代各有之皆由天授
非出人謀惟我 太祖大王之在龍淵舊本作潛也勳德
旣隆符命亦著夢有神人執金尺自天降而授之曰
公宜持此正國夏圭周夢可同符矣又有異人來門
獻書云得之智異山巖石之中有木子更正三韓之
語使人出迎則已去矣書雲觀舊藏秘記有九變震
檀之圖建木得子朝鮮卽震檀之說出自數千載之
前由今乃驗天之眷佑有德信有徵哉臣謹按 璿
源李氏全州望姓司空諱 翰仕新羅娶宗姓之女六

世而至兢休始仕高麗十三世而至 皇高祖穆王
入仕元朝而長千夫四世襲爵咸能濟美元政既舊本無既字
衰 皇考桓王還仕舊本作事高麗恭愍王至正辛
丑紅冠陷王京恭愍南遷遣使克復我 太祖先登
獻捷明年壬寅擊走胡人納哈出又明年癸卯却逐
僞王塔帖木恭愍恃倚益重累官至將相出入中外
樂觀經史亹亹無倦濟時之量好生之德出於至性
恭愍薨異姓竊位權姦擅國濁亂朝廷海寇深入楚
掠郡縣洪武庚申我 太祖戰捷雲峯東南以安戊
辰侍中崔瑩誅戮權奸過於慘酷賴我 太祖全活

頗多瑩乃以 太祖為舊本有右字侍中仍授右軍都統
節鉞逼遣攻遼師次威化島倡率諸將仗義旋旆師
旣登岸大水沒島人皆神之執退瑩代以名儒李穡
為左侍中方是時也權奸濁亂狂悖搆隙危亡汲々
禍亂莫測非我 太祖轉移之力一國殆矣穡曰今
公舉義以尊中國然非執政親朝則不可剋日如京
太祖為擇諸子以令我 主上殿下與穡偕朝 高
皇帝嘉賞而遣已巳秋帝責異姓為王 太祖與諸
舊本無諸字將相選立王氏宗親定昌君瑤盡心輔政革
私田汰冗官羣情胥悅功高見忌讒慝交搆定昌頗

憝焉 太祖以盛滿請老而不得謝會因西行遘疾
而還謀者益急我 殿下應機制變羣謀尾解洪武
壬申秋七月十六日 殿下與大臣裵克廉趙浚等
五十二人倡義推戴臣僚父老不謀僉同 太祖聞
變驚起牢讓再三勉登 王位不下堂階(陛)而化邦國
非天啓佑有德疇克如玆卽遣知中樞院事(舊本有臣字)
趙胖奏聞 帝詔曰三韓之民旣尊李氏民無兵禍
人各樂天之樂乃帝命也繼又有 勅國更何號卽
遣藝文(舊本有館字)學士(舊本有臣字)韓尚質奏請又詔曰維
朝鮮之稱美可以本其名而祖之體天牧民永昌後

嗣繇我 太祖威聲義烈升聞于上簡在帝心故當
請命輒蒙 俞音豈偶然哉越三年甲戌夏有搆國
家者 帝命遣親男入朝 太祖以我 殿下通經
達理賢於諸子卽遣應 命旣至數奏稱旨優禮賜
還其冬十一月定都于漢陽營宮室建 宗廟嘗已
追尊四代 皇高祖爲穆王配李氏爲孝妃 皇曾
祖爲翼王配崔氏爲貞妃 皇祖爲度王配朴氏爲
敬妃 皇考爲桓王配崔氏爲懿妃修禮樂而祀
事定章服而辨等威興學以育才重祿以勸士辨析
詞訟愼簡守令斁政悉革庶績惟熙海寇來服四境

按堵我 太祖巍蕩盛德真所謂天錫勇智聰明神
武雄偉之主也姦臣鄭道傳以表辭獲譴 帝庭陰
謀拒命戊寅秋八月乘我 太祖不豫之隙欲挾幼
孽以肆己志我 殿下炳幾殲除以嫡以長請建
上王為世子九月丁丑 太祖以疾未瘳禪于上王
上王未有繼嗣且謂開國定社咸我 殿下之績乃
冊為世子庚辰秋七月己巳獻 太祖以啓運神武
太上王之號冬十有一月癸酉 上王亦以疾禪位
于我 殿下遣使請命永樂元年夏四月 帝遣都
指揮使高得等奉 詔印来封我 殿下為國王繼

遣翰林待詔王延齡等来賜　殿下奉養　兩宮誠
敬備至永樂戊子五月二十四日壬申　太祖晏駕
春秋七十四歲在王位七年老不聽政十有一年弓
劍忽遺嗚呼痛哉我　殿下哀慕罔極諒闇盡禮奉
冊寶上　太祖至仁啓運聖文神武大王之號以是
年九月初九日甲寅葬于城東楊州治之儉巖山陵
曰健元及訃聞　皇帝震悼罷朝卽遣禮部郎中林
觀等　賜祭以大牢其文略曰惟王明達好善出於
天性敬順天道效義攄忠恭勤事大保恤一方之民
我　皇考深嘉忠誠賜復國號曰朝鮮王功德之著

雖古朝鮮之賢王無以過也又 賜誥(舊本作詔)命謚曰
康獻又 勅 殿下賜賻特厚寵異之典備極無憾
盖我 太祖畏天之誠 殿下繼志之孝前後相承
克享天心故於終始之際大獲天人上下之助如此
其至嗚呼盛哉 首妃韓氏安邊世家贈領門下府
事安川府院君諱卿之女先薨初謚節妃後加謚
承仁順聖神懿王后誕六男二女 上王居二我
殿下居五長曰芳雨鎮安君先卒次三芳毅益安大
君亦先卒次四芳幹懷安大君次六芳衍登科不祿
贈元尹女長慶愼宮主下嫁上黨君李佇非一李也

次慶善宮主下嫁青原君沈淙　次妃康氏判三司

事允成之女初封顯妃先薨謚　神德王后誕二男

一女男長芳蕃贈恭順君次芳碩贈昭悼君女慶順

宮主下嫁興安君李濟亦非一李也(舊本無也字)皆先卒

上王妃(舊本作配)金氏今封　王大妃贈門下侍中天瑞

之女無嗣我　中宮靜妃閔氏驪興府院君謚文度

公諱霽之女誕四男四女(男)長世子禔(世子禔舊本作禔世子)次

祜(初名)孝寧大(舊本無大字)君次(世宗御諱)忠寧大(舊本無大字)君次

幼女長貞順宮主下嫁清平君李伯剛亦非一李次

慶貞宮主下嫁平壤君趙大臨次慶安宮主下嫁吉

昌君權跬次幼鎭安娶賛成事池奫之女生二男長
曰福根奉寧君次曰德根元尹益安娶贈門下賛成
事崔仁琲之女生男曰石根益平君懷安娶贈門下
賛成事閔璿之女生男曰孟宗(舊本作衆)義寧君臣觀歷
代受命之君德業之盛符命之臣(神)輝映簡冊流光罔
極今我 朝鮮之誕興也盛德貞符于古有光是宜
既得其位又得其壽峙洪基(舊本有而字)流景祚與天地
而久長矣臣近濫承勒碑之命敢不竭精鋪張 盛
德以垂耿光然臣筆力鄙拙不足以發揚盛美稱塞
明旨謹撰勳德之在人耳目者敢拜手稽首而獻銘

其辭曰 天生斯民立以司牧迺長迺治迺眷有德
非天諄々有命赫々禹錫玄圭周夢協卜惟我朝鮮
肇基 王迹夢有神人授以金尺符籙前定天命(舊本作心)
昭晳麗運既終君昏相酷農月興師大邦搆隙我
師(舊本作旆)義旋罪人斯得忠誠上聞帝心載懌曆數有
歸輿情斯迫大業既成市肆不易 高皇曰咨惟爾
有國民無兵禍樂天之樂繼 賜國號朝鮮是復相
地定都于漢之北虎踞龍蟠 王氣攸積宮室崇々
宗廟翼々仁深好生治蔚思輯百度俱修萬化斯洽
乃倦于勤傳付聖嫡乃讓于功惟世惟及明々我后

有幾必燭禍亂再平其慶克篤開國定社咸我之績大命難辭神器有托祗奉兩宮虔恭愈恪孝悌通神帝眷尤渥遭喪惸々哀慕踊擗 帝聞震悼遣使吊哭大牢有祀厚賻有勅美謚孔嘉恤典備飭自天佑之終始不忒景祚綿々子孫千億宗祀悠長與天罔極

崇政大夫吉昌君集賢殿大提學 臣 權近奉 教撰

大匡輔國崇祿大夫議政府左議政昌寧府院君臣成石璘奉 教書

資憲大夫知議政府事 臣 鄭矩奉 教篆

碑陰記

恭惟我 太祖以至德豐功草創鴻業日勤于治乃以失豫彌留禪位貽謀久享榮養於永樂戊子春正月又不豫我 殿下至誠克敬祈天請命乃得小瘳五閱月而又作薨于正寢以禮葬于楊之儉巖山距京城二十許里山之來根於長白蜿蜒二千餘里至鐵嶺折而西數百里停而峙焉曰白雲又南迤百餘里北構而面南即儉巖也 陵則癸坐而丁向直陵之丙方四百二十一尺立石以紀我 太祖功德始終之盛既詳矣 殿下又以為開國功臣名氏當列于碑之陰其定社佐命功臣亦皆應機定策以弘大

我 太祖創垂之業者其并刻之用示不泯命臣季
良識之臣竊惟天之生大德以主斯民也必有股肱
輔弼之臣奔走先後開之於前守之於後然後大勳
以集大業以久我 太祖之興也則有文武大臣灼
知天命實能左右啓廸定社於戊寅佐命於庚辰亦
莫非勳親良弼相與輔相克成厥功以永洪祚是宜
刻銘于石垂耀將來而我 殿下顯揚 祖烈褒奬
勳臣之美亦當并傳而不朽矣
通政大夫禮曹左叅議修文殿直提學知制教知
文書應奉司事 世子左輔德臣卞季良謹拜手

稽首而爲之記

開國功臣五十一人 碑文謄出於列聖誌

功臣名次與碑閣小異 狀故開國定社佐命三

義安大君和　門下左侍中裵克廉　領議政府事趙浚　上洛府院君金士衡　安平府院君李舒　漢城府院君趙英茂　奉化伯鄭道傳　判三司尹虎　興安君李濟　青海君李之蘭　星山君李稷　漢川君趙溫　議政府贊成事南在　寧城君吳思忠　判漢城府事鄭熙啓　戶曹判書趙璞　興寧君安景恭　參贊議政府事張

思吉 宜城君南誾 藝文館大學士鄭摠 知
議政府事金輅 伊城君孫興宗 玉川君劉敬
平城君趙狷 清城君鄭擢 西川君韓尙敬
藝文館大學士沈孝生 鷄林君金稛 判中樞
院事李懃 復興君趙胖 漢山君趙仁沃 平
海君黃希碩 知中樞院事趙琦 知中樞院事
金仁贊 長城君鄭龍壽 知中樞院事張湛
寶城君吳蒙乙 南陽君洪吉旼 東原君咸傅
林 叅知議政府事黃居正 興城君張至和
興原君李敷 叅知議政府事閔汝翼 花城君

張思靖　瑞城君柳爰廷　完城君李伯由　高
城君高呂　商山君李敏道　戶曹典書趙英珪
判繕工監事任彥忠　上將軍韓忠
定社功臣二十三人
義安大君和　益安大君芳毅　寧安君良祐
青原君沈淙　奉寧君福根　領議政府事趙浚
上洛府院君金士衡　領議政府事河崙　議
政府右政丞李茂　漢山府院君趙英茂　兵曹
判書天祐　青海君李之蘭　漢川君趙溫　戶
曹判書趙璞　安城君李叔蕃　參贊議政府事

張思吉 鷲山君辛克禮 知議政府事金輅
清城君鄭擢 知中樞院事張湛 花城君張思
靖 中樞院府事張哲
佐命功臣四十三人
義安大君和 完川君淑 領議政府事河崙
議政府左政丞成石璘 議政府右政丞李茂
漢山府院君趙英茂 兵曹判書天祐 青海君
李之蘭 星山君李稷 漢川君趙溫 吉昌君
權近 恣原君尹柢 戶曹判書趙璞 安城君
李叔蕃 吏曹判書柳亮 鷲山君辛克禮 沔

城君韓珪　蓮城君金定卿　鷄城君李来　漢
平君趙涓　義城君金英烈　知議政府事朴錫
命　麗山君金承霔　鐵城君李原　谷城君延
嗣宗　潘城君朴訔　長川君李從茂　坡平君
尹坤　南城君洪恕　豊川君沈龜齡　參知議
政府事黃居正　麻城君徐益　會寧君馬天牧
漆原君尹子當　利城君徐愈　瑞寧君柳沂　平
江君趙希閔　鷄林君李升商　熙川君金宇
永陽君李膺　原平君尹穆　越川君文彬　礪
良君宋居信

誌文

永樂六年五月二十四日壬申我　太祖至仁啓運
聖文神武大王奄棄群臣我　殿下哀慕罔極諒闇
盡禮謹率群臣奉上尊號以是年九月初九日甲寅
安厝于城東楊州治之儉巖村　健元陵禮也謹按
璿源所自繇新羅氏以來世有達官累仁積德以裕
後慶逮　皇高祖穆王始仕元朝爲千夫長四世襲
爵士卒樂附我　太祖少蘊器局勇略絕倫豁達有
濟世之量至仁好生出於天性早事高麗恭愍王累
官至將相出入中外累立大功以安國民行師整肅

秋毫無犯大小百餘戰辛丑之殲紅賊收復王城壬
寅之走納氏庚申之捷雲峰尤所稱道者也恭愍無
嗣暴薨其臣林堅味等專擅國政奪攘土田貪汚無
道侍中崔瑩憤行誅戮以我 太祖為守侍中從人
望也瑩又不學妄興師旅謀欲攻遼以我 太祖為
右軍都統使逼遣境上我 太祖與諸將議曰以小
事大古今之通義與其得罪 上國貽禍生民豈若
除去權臣以安一國乎乃與諸將仗義回軍執退瑩
以正其罪選立王氏宗親恭讓君盡忠匡輔任用賢
才革私田以正經界汰冗官以重名器立經陳紀規

模宏大前朝弊政靡不盡除中外民心翕然歸附而
恭讓昏迷多忌將謀不利洪武二十五年壬申秋七
月忠臣義士合辭推戴我 太祖讓至再三迫於羣
情勉登寶位遣密直臣趙胖聞達 朝廷欽蒙 高
皇帝聖旨許更國號以復朝鮮之稱戊寅秋九月不
豫內禪于 上王庚辰冬十一月 上王亦不豫又
禪于我 殿下進尊號我 太祖爲啓運神武太上
王春秋七十四歲在王位七年老不聽政以享榮養
十有一年終始哀榮斯其備矣 首妃韓氏贈領門
下府事諱卿之女先薨追謚承仁順聖神懿王后有

六男二女長曰芳雨封鎭安君先卒次　上王我
殿下爲第五曰芳毅爲第三封益安大君亦先卒曰
芳幹爲第四封懷安大君曰芳衍爲第六登科不祿
女長曰慶順宮主適上黨君李佇非一李也次曰慶
善宮主適青原君沈淙　上王無嫡嗣我　中宮靜
妃閔氏驪興府院君諱霽之女有四男四女男長世
子禔次補孝寧君世宗御諱次忠寧君次幼女長貞順宮
主適清平君李伯剛亦非一李次慶貞宮主適平壤
君趙大臨次慶安宮主適吉昌君權跬次幼

臣權近　撰

太上王上尊號玉冊文 定宗二年庚辰七月己巳

應千齡而作之君肇開景運以一國而傳之子宜極尊稱茲寧典章庶伸誠孝恭惟 太上王殿下 舊本無太上王殿下五字 勇智天錫聖敬日躋武烈偉於濟時寬仁溥於育物斯迫輿情之推戴以建王業之興隆方百度之維新邁萬機之是倦肅釋大位傳付眇躬遂罷勉以恭承每祗勤而惕勵欲彰盛德之至惟在徽號之崇寧籲臣僚舉行冊禮臣諱不勝大願謹奉冊寶上 尊號曰啓運神武 舊本無自臣至武十八字 伏惟 太上王殿下 舊本無太上王殿下五字 廓包容之度推覆育之慈 舊本作恩 體

一大之曰天勿嫌强名之道莅萬姓而爲父永享多
壽之期

臣權近撰

謚冊文 太宗八年戊子九月己酉

創業貽謀實由大德易名定謚惟以至公祗率舊章
式薦徽號恭惟 大行太上皇稟資神聖秉心寛仁
値前朝衰叔之時克平多難膺上天眷佑之篤肇造
丕基奮武威於風霆昭文治於 日月欽受 帝命更
國號以維新達觀神都奠居民(民居)於有永以啓我無疆
之運實原於好生之心政先困窮恩孚動植念叨承

於艱大謂榮養於期頤何促駕於　賓天忽貽哀於
擗地宜舉追崇之禮用伸歸美之誠是撰休稱垂示
來裔謹遣某官舊本有某字　奉玉冊上尊謚曰至仁啓運
聖文神武大王廟號曰　太祖仰惟　沖鑑俯諒精
衷申錫繁禧保子孫於千億幽贊洪祚與乾坤而久
長

臣下季良　撰

祔　廟時樂章

嗟嗟　皇考佑命自天文謨武烈繼後光前於赫在
廟肇祀惟虔是皇是享于千萬年　撰進之臣姓名不傳

追上尊號玉冊文 肅廟九年癸亥

維歲次癸亥六月壬申朔十二日癸未孝曾孫嗣王
臣諱御謹再拜稽首上言竊以肇造丕基式享配天之
嚴祀加隆顯號庸薦晝日之寶章祇伸忱悰曷旣論
讚恭惟 太祖康獻至仁啓運聖文神武大王姿挺
上聖運撫千齡掃麗季之荒屯無競維烈膺皇天之
眷顧遹觀厥成旣樹立之甚宏而啓佑之罔缺肆當
時節惠之典極後人歸美之誠第念鴨江之義旗允
符麟經之聖筆拯東土之民物免爲被髮之戎拱北
極之 朝廷永作執玉之國風聲著聞於天下禮教

興行於域中然大業未揭於尊名故羣情咸願其追
謚居貞而當位惇叙彝倫制事而合宜戡定禍難照
臨八表眞同日月之華涵育羣生實并天地之大惟
此四字之崇奉庶合百世之闡揚在後有增近稽
皇明之盛事以多爲貴上慰 列聖之孝思爰卜良
辰載陳縟禮謹遣臣議政府領議政金壽恒奉玉冊
加上 尊謚曰正義光德仰冀 冲鑑俯賜明歆誕
受徽稱重復重而何斁黙贊洪祚新又新而無疆嗚
呼哀哉謹言

以上諸文字謄出
於 列聖誌狀

大提學臣南九萬 撰

追上尊號時事實

奉朝賀宋時烈上劄請追上 太祖大王尊號其劄曰尊號之上非古也然本朝自 世祖創始至于 宣祖又進大號 太祖大王創業垂統功烈如何而崇極之道反歉於 二祖旣進者不可追改則無寧追加於 太祖以安 二祖之孝心上優荅之召時任原任大臣二品以上三司與儒臣會議賓廳諸臣多以爲崇極之道似不在字數多少追上尊號事體重大領議政金壽恒左議政閔鼎重以爲以歷代故事觀之徽號字數之多少似

無關於功德之高下祖孫之尊屈況 太祖為上
王之日已受啓運神武之尊號及至 昇遐又上
至仁聖文之謚則到今雖復追上其所以揄揚盛
烈蔑以加矣抑念元老大臣劄陳 二祖不安之
意者實非偶然稽之 皇朝典禮亦有追加 太
祖徽號之事援此為例不無所據而事體至重惟
聖明裁處教曰 太祖大王豐功盛烈徽美之稱
反歉於 二祖儒賢之所以陳請而求之古事不
無可據則宜有加隆之典而第獻議中大臣反一
二儒臣之議正合予意似難輕議矣（一二儒臣指南致熏等也）

時烈又劄論曰臣妄論宗禮曰夕惶隕只當悔罪
而又念當初進說草々以致廷議之不咸此亦臣
罪也禮曰禮有以少為貴者有以多為貴者多少
各有所當矣雖以 大明及本朝徽號言之分明
以多為貴而 二祖之號反多於 太祖其於朱
子所謂孫以祖屈之義何如耶玉堂所獻之說明
白有據然以位版所題觀之則尊號謚號錯陳間排
無復整齊兼且以所題八字之內四字為尊號則
謚號只四字而已然則列聖謚號皆八字而 太
祖只是四字 列聖諸位反有加隆皆所不安者

矣且以聖人從周之義觀之 皇朝所行旣以加
上為禮則其在今日違棄不用誠有所盡傷慨歎
者矣且程子論謚以不當其實為不正我 太祖
之開國垂統至今日三百年鞏固維持者實基於
威化回軍大義昭如日星也今於尊號皆無此意
臣每以歉然也故臣欲以昭義正倫等字追上則
旣合程子之義而慰 二祖之靈使無毖縮不安
之意者亶在於是矣 上引見諸大臣以追上尊
號事問之領議政金壽恒判府事金壽興曰時烈
劄旣言擧義回軍之義不可無追上之擧前劄所

謂不敢質言蓋指此也以領府事識見有此申請所當依行而事體重大更會廷臣而詢處可矣左議政閔鼎重亦以爲前劄只言字數之多少故諸議不一臣等亦以爲難矣今以擧義田軍之意爲言不可不從宜廣詢而處之於是更命大臣二品以上及三司儒臣等會議李袖李翔金萬吉等議如前睦來善朴信圭鄭錀慶㝡尹以濟南致熏猶以爲事體重大南龍翼申晸尹堦南九萬崔𨔲以爲元老劄辭旣有微意無容別議李翊相洪萬容尹趾完南二星及玉堂吳道一徐宗泰亦皆以加

上為宜而宗泰則以為謂必加上昭義正倫等字
執為追上之端則臣未知其如何其餘無別白議
壽恒等諸大臣議曰前日會議只在字數之多小
而今此元老再進文字又以 太祖謚號只是四
字 列聖反有加隆為未安而且以威化回軍之
大義不入於謚號為歉欲遵 皇朝加上之禮臣
等無容別議且言 定宗位版只是謚號四字
太祖位版亦以尊號謚號合為八字與 太祖位
版所題同而 定宗謚號則追上廟號時既加上
四字 太祖謚號今又加上則獨於 太宗謚號

仍舊無加恐欠崇奉之道宜爲一體追上教曰
太祖追上徽號事及 太宗謚號一時加上誠爲
合禮至於應行節目待秋擧行禮曹以議謚一款
及前議 王后位版中太字刪去事及徽號追書
事亦爲待秋擧行與否啓稟則 教以議謚事不
必待秋擇日擧行位版刪去追書待 兩廟追上
徽號時並行 右出 肅廟寶鑑

(出口納)

追上尊號玉冊文 今上九年壬申正月初四日

奠丕基以啓寶籙政値六十策八週之期薦太室以颺瑶鐫誕舉五百年一有之禮祇伸忱悃曷旣形容恭惟 太祖康獻至仁啓運聖文神武正義光德大王神武上聖之姿勇智表正之烈惟佐于一德惟歸于一德順乎天而應乎人其道於三王其心於三王本諸身而徵諸庶叶嘉兆於夢尺將興國家有禎祥膺 先庥於湧珠終陟元后在曆數 王業肇在洪武 若檀君立陶唐之時國號復朝鮮追箕子行華夏之教旣駿命祇承於上帝猗燕謨克垂於後昆定

鼎而隆都無遠天室乘乾而正位遂開明堂大學講
行義之編修身齊家之致其本文德奏雅樂之曲濟
時育物之極其功開萬世太平蕩々皇極王道答三
靈蓄祉繼々聖子神孫成漢家篤厚之風盖由高皇
之弘遠啓宋朝休明之運寔自藝祖之英仁顧寡躬
嗣大歷無疆于 先王監成憲其永丁尊聖訓仰寶
鑑之昭垂殿奉 睟容瞻黼黻之穆御建正衙而延
景福之頌重搆存肯堂之規踐大位而紹建政之謨
微忱切見墻之思八壬之舊紀載屆小子之追慕深
深凡今九垓黎元咸戴 遺澤宜我萬嗣崇報況遇

是年治天下之法皆載書惟 洪烈之不勝紀自生
民以來未有盛而大德之無能名情協儀文允副舉
國大同之願誠效慕(摹)盡并闡 太宗丕承之休摹玉
牒而於乎不忘拊朱絃而愀如復見應熙運而天眷
廣德集勳肇大業而統傳永年祈命謹奉 冊寶追
上 尊號曰應天肇統廣勳永命伏惟默垂 英顧
誕膺 顯稱功化揄徽若稽古三五隆洽祚胤衍慶
始自今萬億靈長

領府事臣鄭元容 製

樂章文

於皇　聖祖繼天肇國誕受金尺下民之極著定厥
功載矢文德駿惠無疆昭玆燕翼堂搆丕新維八玄
黓曷不追揄我家攸則磬管將々有煌琰刻永言申
錫休哉萬億
於皇一章十六句
右叅賛臣趙聖教　製
追上尊號時事實
今上八年辛未十一月初十日　教曰時原任大臣
肄禮堂明日來待十一日時原任大臣入侍時
筵教曰明年即我　太祖　太宗建邦啓土化家

為國之八回甲而立經陳紀嚮明出治誕垂靈長之業皆在是關矣今旣重建是年又當舊紀聖德神功克擧崇揚之典則庶伸予小子追報之誠而我 慈聖亦有 下教故召見卿等欲與之相議矣領議政金炳學奏曰兩 聖朝上號之擧今為二百年矣今我 殿下有此盛典之誕擧臣不勝欽仰攢頌之至矣 上曰癸亥卽我 太宗大王登科之歲也右議政洪淳穆奏曰然矣 上曰尊號為幾字乎炳學奏曰尊號與謚號每以八字議上而 肅廟癸亥則 太祖室以正義光德四字

追加謚號 太宗室以睿哲成烈四字追加謚號
以其 太祖 太宗室當初謚號只是四字故矣
淳穆奏曰 宗廟各室謚號原是八字為規而
太祖 太宗室謚號只是四字故所以 肅廟癸
亥追上四字以備八字之規矣 上曰前焉而
太祖 太宗室謚號之為四字後焉而各室謚號
之為八字其典式之參差果有所不安矣
教曰明年壬申即開國八回甲也我 太祖 太
宗刱業垂統在是年嚮明出治在是顧予小子嗣
有丕丕基惟 先王成憲是監政令施措典章文

物之美仰述國初定制而是闕今旣重建是年又
當舊紀揄揚盛典克擧而行之則事若有待禮亦
可援矣伏承 慈聖下教且諸大臣之議一辭詢
同 太祖大王追上尊號 太宗大王追上尊號
儀節令該曹擇日擧行事
壬申正月初四日 上親詣 太廟追上 太祖
大王尊號冊寶 教曰丙 聖朝聖德神功今追
薦顯冊矣永念同德之佐其攀附翊戴之功實有
不可忘者矣開國功臣嗣孫幷問名調用以示帶
礪及裔之意事 教曰以下是月初一日事

陵寢

封 陵在於永樂戊子九月初九日甲寅距今辛未為三百四十四年

来龍自水落山左落南行為佛巖山自佛巖左落為 康泰陵自 康陵青龍南轉為沙峴過峽突起為儉巖山自儉巖左落至 陵後起腦處坎入首儉巖為主山自 陵所西北距三里許来龍又詳見碑陰記

坐向癸坐丁向

得水左得巽水右得坤申水丙破

案山楊州峨嵯山爲外案南距十餘里講武場南
麓爲内案距二里
境界周廻東一百二十步外爲 穆陵界西二百
三十步外爲 徽陵界南二百三十步外爲 顯
陵界北抵外山爲六百餘步内外周廻通計四里
餘
諺傳 太祖定鼎後與相地僧 幸于山下卜壽
藏翌日 回蹕而有吾今忘憂之 教故洞口有外
嶺名忘憂灘名王宿盖有以云

陵上莎草

古稱封 陵時自咸興移來諺傳遺命云 太祖寒食例
刈莎葉夏時新芽茁長至秋結實霜落始枯根之
大者如繩細者如絲盤結甚固今至三百餘年無
加土改莎之擧 肅廟癸酉參奉金道遠李綏晩
以舊莎稀疎雜草多生論報禮曹 啓達適當是
年二月 親幸奉審 上令北道搜上同樣莎草
而皆不類遂使 陵官採取本莎之或出於階砌
間者待雨移種因成定式其後結實時每取子散
種階砌外為永久計金道遠李綏晩論賞昇叙
陵上莎草茁長稠密自前無掃雪之規矣 今上

丁卯十二月初四日禮房承旨金尚迪 奉審時
以此執頃書啓云臣進詣 健元陵奉審則 陵
上有雪裳石以外皆爲掃除 陵官以爲此是咸
興莎草莖葉視他莎甚長故 陵上掃除之際易
於踏傷自前不爲掃除以待自消云而臣於 奉
審時見之則陽氣頗暖已多消瀜云々踏 啓字

丁字閣

永樂戊子九月建今至三百四十餘年間或有階
砌修補之擧丹雘改塗之事而若其舊建規制則
元無大段修改之事云

宣廟壬辰三月望祭々官班定忽 陵上若有哽咽
嘻噓之聲初不識其何音班中忽有一官言此何
聲響晉一班之人齊言吾等亦聞是聲而不敢發言
因此尋問則聲自 陵上而下祭官上下無不悚
然而罷自後或一旦(日)至數日一至盡一月不絶齋
官及守護軍習以爲常及五月倭寇至積柴於丁
字閣取火焚之柴盡而火自滅如是者數四賊懼
有神而乃去云 出白沙雜記

壬辰倭賊以斧擊 神門斧痕尚在

肅廟乙亥五月 神門外東西階砌仍舊修改

景廟辛丑因東邊御路層階石及西邊階砌石三介
動退寒食兼告修改
英宗朝甲申重修改西南隅一柱 事蹟有其時陵 官李東實所撰重
修記
碑閣
碑長周尺十一尺三寸廣三尺五寸厚八寸壬辰
之亂被焚燹尚有焦折之痕
肅廟辛未重建
英宗朝甲申與丁字閣一體重閣修
典祀廳

肅廟庚辰重建

香大廳與 顯陵通用而東西各有獻官房東屬本陵西屬 顯陵

齋室

舊在 顯陵丁字閣所建處 顯陵封 陵後移

建云

洞口外舊池長七十尺廣五十二尺

肅廟丁卯二月二十五日判府事閔鼎重所啓 健

元陵洞口外有舊池中有小島種松數株近年以

來久不修治以致基址陵東側近冒耕誠可駭然

今臣奉審時陵官亦以不可不修治之意來言矣

臣意雖有一時修治之擧若不逐年修治則必至
復爲陵夷今若令四　陵參奉收合　陵卒每年
修治而又令京畿監司每年奉審時與　祭器齋
舍一體擧論則似當有年々修治之效矣　上曰
舊池如是陵夷則　陵官之久不報知極爲非矣
使之推考今後則監司奉審時此池修治與否并
爲擧論可也

今上丁酉四月初三日領議政金尚喆所　啓臣
於元陵奉審之行謹按　健元陵誌則　肅廟朝
丁卯故相臣閔鼎重奉審後歸奏有曰　健元陵

洞口有舊池而久不修治以各　陵卒每年修治
道臣奉審狀　聞一軆擧論爲當而其時自　上
措辭下荅監司奉審時此池修治與否并爲擧論
爲教至有謄置於本　陵者矣此池之當初開鑿
似非偶然昔年　聖教又若是申嚴而中間廢棄
誠極慨惜臣與奉　命諸臣及楊州牧使同爲看
審而其修治之道以各　陵軍卒合力疏鑿不過
一兩日可了而此後每年修治形止道臣奉審狀
聞一軆擧論一依丁卯　下教擧行有不可已敢
此仰達矣　上曰依此申明擧行可也旋以農時

不可役民 命御將具善復募軍往役而器械取
用於濬川司凡役千餘丁六日而畢深可仞周廻
比前稍大種花卉於島及四岸至翌年三月十三
日 上幸 元陵因親享 本陵而還駐 蹕岸
上 丁字閣下一条 碑閣下一条及此条戊戌追書

香炭山

在本州天磨山東自 穆陵香炭山禁標外過汝
馬川加五谷西自外地方巖南過麻峙大路至墨
加谷北至 顯陵香炭山禁標外周廻二十五里
許距 本陵為三十里許 以近處居民定山直

肅廟癸酉參奉李綏晩與禮郎曹復卿眼同看審復
定界限稅炭每於九月捧上自十月朔焚香用新炭
位田字號第次及伏在處則本州既有田案齋中又有踏印成冊故不為謄書
結數為八十七結一卜謄書成冊ニ件內量案謄書新舊各一件舊分衿冊一件
內沓六十四斗落只田五日耕入於 崇陵火
巢內與他民田一體陳廢而民田則自 朝家給
價矣 景廟壬寅仍大臣 筵奏以其民田之給
價陳廢者許耕於 崇陵々卒而本 陵位田混
入其中自本 陵再次論報請其各依 朝家定
給位田之數打量區別則禮曹初既許題後仍

崇陵參奉報狀還為許耕於 崇陵々卒癸卯春分耕之際計其斗數落只則過於 朝家許耕之數者幾至十石落只云

一結十八卜束數又入於金貴人房墓陳即今元結八十結外餘結九十六卜二束則 陵卒出稅納米五斗七升七合二夕於本州結當初元結八十結之外餘結雖有七結一卜之數而既入於 崇陵火巢內又入於貴人房墓陳且年々或成川或浦落或陳廢漸至耗縮不但餘結只為九十餘卜元結亦因每年災傷即今實數不滿八十結之數云

復戶

本 陵有位田故每一戶食九十卜而草價二斗

七升還納該廳謂之稅外復戶矣 肅廟壬申以
本州一境九 陵所在特減民結元稅自本州又
罷結役爲戶役故有田結者不願入於復戶而所
捧之數減而又減比前不過十之三四參奉或論
報渠等或上言而閱三歲未得請乙亥春九 陵
官聯名枚報禮判朴泰尚建白事下該廳遂全減
春秋芻草價其秋無位田 陵卒自宣惠廳各給
米十二斗（無位田 陵卒每戶各食一百五十卜 謂之無稅復戶）
守護軍勿侵雜役受 教及承傳
顯廟五年甲辰受 教內朝家號令雖至微至細各

邑官吏不可違令便是體例是去乙近日國綱解弛人不畏法至於大小之事違令者頗多誠極寒心 園陵守護是何等重事而已令之事專不奉行侵虐知舊尤極痛駭此後申飭各邑又令 陵官趁卽報知以爲重究之地爲乎矣 陵官不卽報知現出於摘奸時者乙良當該 陵官與官吏一體論罪事

肅廟丙寅年 崇陵時戶保等上言據禮曹覆 啓侵責面任等乙擧名牒報以爲重治懲後之地事

各 陵守護軍同居子婿弟姪中二人毋定他役

自望保人如無寧丁　本陵他軍中餘丁推移充
給出受　教後續錄兵曹給保条
肅宗辛未二月日禮參金鎮圭所啓各　陵守護軍
子枝世傳其役勿侵他役曾有承　傳而歲月已
久各邑專不奉行故戊寅故相臣申琓為禮判時
陳達申飭矣今見各　陵所報則子枝之充定他
役者數多盖各邑以良丁之難得不有朝令每定
他役必須別樣申飭然後　陵卒庶可支保矣充
定者并令還屬本役則守護之事可成貌樣故敢
達判尹閔鎮厚曰此事或有非守護軍子枝而冒

稱者且有子枝甚多而皆稱兒弱不許簽丁各邑
以此爲悶云若於充定軍役後明查守護軍子枝
輒即頃下則似好矣　上曰非守護軍子枝而冒
稱或有其弊判尹所達是矣依此爲之金鎭圭曰
本官必不明查令監營查覈乎　上曰依爲之
令上辛未禮關云々因京畿監司狀　達備局回
達內各　陵々軍中良丁入錄者一一查給本官
陵軍户保則依事目以　陵軍子枝充闕云者果
是事目之本意而當初以閑丁充定　陵軍者各
陵守護軍户保中或有撤家逃走者或有物故者

或元無子枝者故不得已以閑丁充定理勢之所不免而今若一并汰定他役則其汰定之代將何以充定乎且昨今年癘疫以後各 陵軍絶戶空保者居多而今又有此擺定他役之令莫重守護之事無以成樣自本曹急時變通云 陵墓守護軍戶保有闕難充之餘又有此良丁擺定之令各陵墓官校擧守護之難事勢誠然已定軍保勿為查還自今為始 陵軍有闕之代以 陵軍子枝充額良丁則切勿充額事嚴飭禁斷事涉便宜以此分付何如 令曰依事 達下

承傳

各陵修理時監役參奉書員名及修理處置簿四年內頹毁者雖已遞罷職色吏良人則降定皂隸賤口則以大明律毁棄大祀神御之物論 嘉靖戊子承傳

各陵修改之物分付各司之後進排 陵所限以二十日而其中易改之物限以十日 顯宗戊申承傳

各陵々上蓬艾雜草使 各陵參奉每月朔望拔去以爲定式 顯宗戊申承傳

各陵火巢必以垓子外邊爲限各人葬處犯火巢內則一切禁斷而垓字外有步數墳塋則勿爲掘

移孝宗戊戌承 傳
各陵々上莎草有頉及石物奉審則政府及本曹
堂上郎廳觀象監繕工監提調監役官相地官盡
員進去
各陵々上階砌與曲墻崩頹處丁字閣有頉處火
巢内失火處本曹堂上郎廳進去
各陵石物修改時本曹堂上郎廳親進監董繕工
監役亦為進去
各陵殿叅奉假官以付祿忠義差送而 齊陵
厚陵 英陵 寧陵則各其本官所在忠義差送

肅廟癸亥九月十三日大臣備局堂上引見時因左
議政閔鼎重左參贊李翽戶曹判書鄭載嵩所啓
上曰各陵與 宗廟永寧殿事體無異春秋奉審
外若非大段傷毀則勿爲報聞內摘奸時亦勿執
頉可也事傳 教

肅廟庚寅十一月二十六日藥房入 診時 上曰
禮曹郎官時々出送各 陵摘奸以來卽卿在禮
曹時所 稟行者而厥後不復爲之豈有定奪停
止之事耶提調閔鎭厚曰此是舊法而中間廢閣
故臣陳達復舊矣臣既去職之後還爲不行而別

無改定奪之事矣 上曰
陵寢事常宜申嚴時々摘奸事分付可也 出擧行條
今上戊午三月初十日大臣備局堂上入 侍時因
左副承旨金灘所啓 上曰獻官果乘藍輿則極
爲駭然予於展謁時紅箭門外必陽帳而乘轎則
祭官輩何敢乃爾監察亦何以不禁乎并令該府
從重勘處此後則乘藍輿者監察摘發呈課監察
不爲呈課而若有現發則監察亦當罷嚴處各別申
飭分付可也事 啓下
今上乙丑六月初八日密昌君樴 明陵參奉李廷

煌同為入 侍時寧昌君檝所啓每於 享祀時
使典祀官監熟 祭物而熟手不過二名 陵卒
輩聽令無如 陵官之言故多有苟艱之弊此後
則使 陵官一人眼同與典祀官同見熟設 祭
物則亦可致精而且今番大祝李昌壽亦以此為
言故敢此仰達矣 上曰所 達是矣依此為之
事 傳敎同日 引見時 上曰此後各 陵獻
官或有科外侵責之事則 陵官即報于禮曹入
啓處之可也事 傳敎
今上丁卯十月二十五日 翼陵奉審承旨入 侍

時禮曹判書李周鎭同爲入 侍時李周鎭所
啓近來百隷怠官勤於職事者甚鮮至於 陵寢
事體至重且大而勿論別檢參奉憚於一望之在
直圖得假官終不入直 陵寢之守護樹木之禁
伐極涉虛疎既有兩官則可以自相推移入直假
官之法所當革罷而兩官俱有緊故難於入直則
將至變通之境此不可不念此後則明知親病身
病之甚重難於起動入直然後始許三日假官而
大抵殿最之法考察勤慢書其高下者也自今爲
始 陵官之假官許題者謄置冊字六朔之內有

兩次假官者其等褒貶必置中考以示警責庶無紛紜圖差之弊亦有益於 陵寢禁護之道以此定式永為遵行事出擧條申飭何如 上曰忌辰祭或有假官差送之事尤為非矣卿所達誠為是矣依為之

今上辛未八月十七日禮關云々 傳教內大抵雨漏處初雖至微或曠日自至滲漫必至於大此後雖微一依 陵官所報趂卽修補至於外簾風雨所觸其或遲延所見亦涉欠敬其勿相持卽為修補事一例分付事 傳教

今上壬申八月二十五日 懿陵展謁時 上曰望瘞時祝文向裏摺貼以埋之俾勿露處凡大小祭享依此爲之

祭享時節目 祭享節目及故錄付上編 陵幸規式與他有異
事

一迎 香時兩官員出就大門外序立以俟 香祝至前鞠躬祇迎 香祝及獻官以下入門後隨入

一塡祝時齋郎先往典祀廳代察 祭物大祝及祝史俱詣安香廳盥洗仍詣案前立 香陪書吏以香祝袱奉傳于獻官獻官跪傳于祝史祝史跪奉置于案上仍為解封出祝文跪傳于大祝塡書畢祝史還封捧封褁跪傳于獻官獻官跪受還為奉安於 香櫃中大祝祝史俱向獻官前序立拜禮

一傳香時祝史先詣紅門內以俟獻官獻官來到奉
香祝褫就席跪傳于祝史祝史跪奉由正路趍進
由正門入就 香案前出置 香合于案上鋪祝
文于祝床上左右鎮鍮書鎮置謹封紙於竹篚內
由西夾門而出降復位 行祭時祝史斟爵而自正門入跪呈獻官齋郎受爵奠于祭床後皆自西夾門而出

一朔望焚 香時入就拜位先四拜仍盥洗由東階
入正門詣 香案前跪三上 香由西夾門出仍
降復位後四拜仍為奉審事 令上辛未八月 明陵幸後因 傳教東夾
門則常閉以為自 上展謁時出入之路西夾門
則買鎖開閉以為 焚香祭享時及 陵官常時

出入之路事定奪云而無禮曹關文故姑爲依前出入

陵幸時規式

一陵幸時別出祝史齋郎故本 陵官一員自吏曹差定陵司參奉一員則紅門外冠帯待令隣齋攝行亦然若於本 陵行 親祭則陵司外一員亦當於外班列叅祭

一陵幸 行祭時自 上服淺淡色故陪從諸臣及本 陵二員皆淺淡服白靴

一祗迎時 祭官以下及 陵官黑團領黑靴無黑則白亦可隣 陵亦然各於本齋前序立鞠躬以迎隣陵則因以黑團領行祀蓋攝行故也

一陵展謁時各其本 陵官二員皆淺淡服白
靴俯伏紅門外待 上四拜畢若行奉審則陵司
即爲隨行 若非陵司而無淺淡則黑團領亦無妨
奉審時或不無 顧門之事不可不預先講定劄
錄袖去以待之耳
一陵展謁已畢後 上入幕次則 陵官亦小
休待二嚴後服黑團領預出洞口外鞠躬祇送
一陵幸時各 陵祭炭自各官差定進排事
一陵幸時所用諸具如有渝色傷破者前期報禮曹
及時修改事
一陵幸時前期 陵上及丁字閣內外及上下庭除

道路所掌處一併修治俾無不及生事々

一陵司行 祭掌門開閉及剪燭事

檢祭 祭器以奉常寺進排洗爵酒浄洗爵内外以巾拭之

一紅門内 御路行步席地排及帳幕等事司鑰為之事

一陵幸 親祭時所入物件一依京來事知守僕之言前期報司而一々後錄令該司進排事

一陵幸時洞口内橋梁道路以 陵軍奉足修治事

親幸奉審 列聖親幸不知幾度而姑記 肅廟以下親幸奉審

幸 崇陵仍行 本陵奉審 肅廟丙寅三月

幸穆陵仍幸 本陵奉審 肅廟癸酉二月二十日

幸本陵仍 奉審 四陵 肅廟戊寅八月二十四日

幸顯陵仍 奉審 四陵 肅廟庚辰八月初八日

幸崇陵仍行 四陵望墓禮 肅廟甲申八月十九日

幸崇陵仍行 四陵望墓禮 肅廟戊子八月初九日

幸崇陵仍 奉審 五陵 英廟丁未八月十六日

幸本陵仍 奉審 五陵 英廟丁巳八月十九日

幸穆陵仍 奉審 五陵 英廟丁卯八月

幸本陵仍 奉審 五陵 英廟癸酉八月初九日

幸崇陵仍 奉審 五陵 英廟辛巳二月初四日

幸本陵仍 奉審 五陵 英廟壬午二月初八日 崇陵親享

幸本陵仍 奉審 五陵 英廟甲申二月二十六日丁字閣重修告由

幸元陵仍 奉審 六陵 正廟戊戌三月十三日

幸元陵仍 奉審 本陵 正廟己亥二月十日

幸元陵仍 奉審 本陵 正廟辛丑正月二十七日

幸元陵仍 奉審 本陵及顯穆徽三陵 正廟癸卯八月二十五日

幸元陵仍 奉審 六陵 正廟庚申三月二十一日

忌辰大祭祭物陳設圖

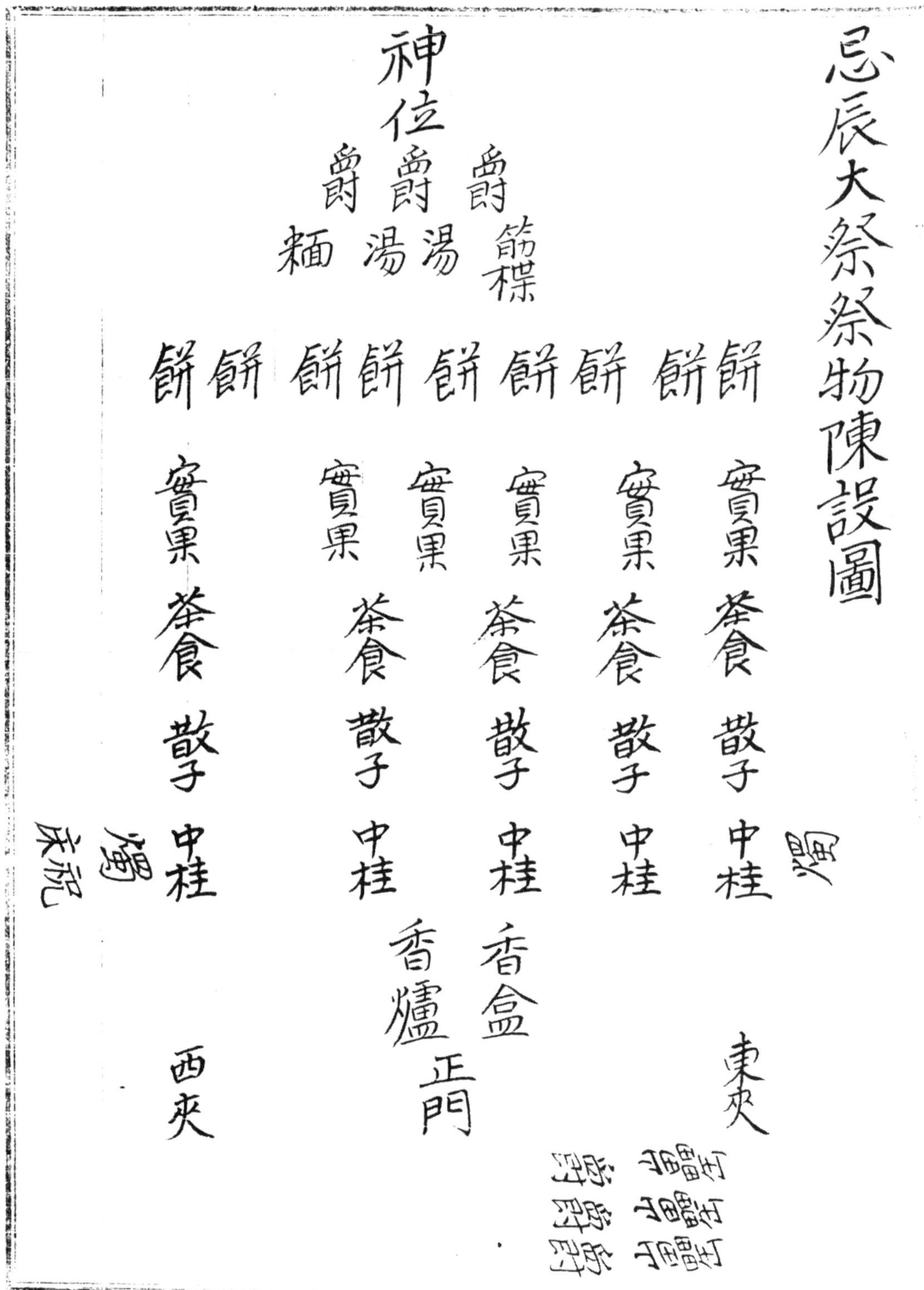
神位
爵 爵 爵
麵 湯 湯 筯楪
餠 餠 餠 餠 餠 餠 餠 餠 餠
實果 實果 實果 實果 實果 實果
茶食 茶食 茶食 茶食 茶食
散子 散子 散子 散子 散子
中桂 中桂 中桂 中桂 中桂
香爐 香盒
正門
東夾
西夾
燭
祝床

五大祭祭物陳設圖 此外上同

神位

爵 爵 爵

炙 匙貼 羹 飯

餅 餅 餅 湯 湯 糆

實果 實果 菜 菜 菜 實果 實果

藥果 藥果 芥子 藥果 藥果

吉由還安祭祭物陳設圖

神位

爵

餅 實果 藥果

匙貼 餅 菜 藥果

羹 湯 菜 藥果

飯 湯 菜

湯 實果 藥果

健元陵誌上終

健元陵誌下

齋中凡規

一丁字閣左右磚石所鋪之外不除雜草使之結根
以防雨水衝破事

一陵上雜草及　丁字閣庭除內雜草合番剪去而
陵上則合軍并力剪去　丁字閣以下則各有分
掌使之剪去修掃亦以上直軍隨時鉏治冬月掃
雪亦倣此事

一陵上及　丁字閣每日上直修掃傳掌事

一火巢界限每以春秋伐草以爲火禁事

一陵內諸崗各使守護軍作矣分掌而每一分中以
一名作都矣使之看檢外山則亦以山底居民定
為家前分掌使之看檢逐朔遞改輪回傳掌而或
有犯禁不告者重治所掌人事

一使上直軍每日巡山以禁樵伐而親自摘奸以為
警飭事

一火巢內切禁村人放牧以為草樹長養事

一守護軍以每月十四日及晦日為合番修掃 陵
內而 祭祀時則前期三日合番事

一大臣及道臣 奉審時具冠帶拜謁仍為隨徃

奉審事

一凡 奉審及摘奸時先呈擧案仍爲就拜 祭祀時拜謁獻官之儀亦倣此

一新 除授到任之日詣 紅門外肅拜仍爲 奉審事

一陵內有頉處隨所見一一枚報而道臣 奉審時亦爲稟報執頉事

一香炭山近處居民中定爲山直以收稅炭而每秋九月陵書員與庫直眼同摘奸火田及家口一一成冊使稅炭人等載納事

一稅炭中除出完九石以爲六　大祭松明炬次上

下事

正朝祭獻官書啓式

某陵書

啓

陵上奉審則雜草雜木無爲白乎事以上第二貼

正朝行　祭後以上初貼

年月日獻官某官臣姓名着署以上第三貼

祭擧案式

某陵正朝　祭擧案五名日及　忌辰大祭隨時

齋郎某官姓名署

祝史某官姓名署

年月日

摘奸時擧案式

某陵擧案

入番某官姓名署

年月日

大臣 奉審時擧案式 道臣 奉審同

某陵擧案

入番某官姓名署

出番某官姓名
年月日
褒貶單子式
某陵某官等仕日單子
曺下帖據　本陵某官等今春夏隨時等褒貶時
仕日計數上曺為卧乎事
某年某月某日　某姓名具署押
某官姓名自上年十二月十一日至今年六月初
十日通計元日幾日内實仕幾日秋冬等則自今
年六月十一日至今年十二月初十日云々新除

授則自某年某月某日政除授某月日肅拜某日
到任至今年六月初十日秋冬等則十二月初十
日云々 某官姓名下 上同

仕滿報狀式 報吏曹具書目 同任下有望前望後二字

某陵某官爲相考事同任某官某亦自某年某月日
政除授某月日肅拜某日到任至某年月日通計
實仕已四百五十日爲有等以緣由牒報爲去乎
曹以已相考公座簿後卽爲置簿事行下爲只爲
年月日某官姓 署押

解由報狀式 報戶曹具書目

某陵某官為解由事前某官某亦某年月日政除授

某月日 肅拜某日到任今年某月日遷轉為有

在界一應文書 祭器等物依數傳掌為有去乎

後錄上 曹為去乎依例解由成給為只為

年月日某官姓 署押

守護軍充定長單子式

某陵某官為充定事 本陵守護軍某奉足某物故

本某郡某處居某人子閑丁某年幾旣身乙望定為

去乎依例入 啓充定為只為

年月日某官姓 署

大凡物故病廢逃亡各以類書之保人則稱某戶某保戶

則直書守護軍戶某

移文式

某陵官為移牒事云々茲以移関為去乎合行移関

請

照驗施行須至関者

右　　　　関

某　　　　郡

年月日

某陵某官 只押

報狀式

某陵某官為牒報事云々為只為合行牒呈伏請
照驗施行須至牒呈者
右 牒 呈
某 曹
年月日某官姓 署押
書目式
某陵某官書目
云々畧擧元狀中大槩以為措辭云々行下事狀
年月日某官姓 只署
發行狀式 京各司則單牒呈各陵則具書目云

某陵某官為相考事某官某以某事曾已受由於本
曹為有如乎今月某日發行為有置相考施行為
只為合行牒呈伏請
照驗施行須至牒呈者
右　　牒　　呈
吏　　　　曺
年月日某官姓署押

本齋完議

一焚香後 奉審 陵上殿內而如有修掃不精則上直軍治罪事

一逐日發遣長番軍巡內外山而內山有頉則長番受罪外山有頉則都家前及其歯下家前治罪事

一都家前限一朔輪差而每三日犯禁人一名式捉納否則治罪事

一犯斫人重者報司處置次者報本官重治又其次者自齋中治罪事

六齋完議陵軍中犯斫者別般嚴治除汰事

一時任遣四喪各其　陵書員率守卒無遺持炬燃燔曾經先生則一喪合　陵書員率三十名持炬燃燔事

一六齋中有　新除者盛備盤果免新許叅事

一交承之間勿論親不親每年稅炭完一石真桐箒各一柄載送事

一九八月間香炭山踏驗時々任兩員中或有適移者依京各司及他　陵例待其稅炭收捧以為半分兒事

一替直之日若或有摘奸及　陵内雜頃初一日則

望前郎十六日則望後郎各自分當事

一七齋中有移職或遞去者十四員各送一馱柴一首鷄以存厚意而 顯齋無朔柴加送二鷄事

一七齋同僚中若除守令察訪則捧禮木事

餕餘封裹式

藥果四立 霜花餅二 煮白餅二 切餅五 黃栗五

胡桃五 乾柿二

健元陵誌下終